大學卓越教學叢書①
多元文化教育中的教與學

教學越界
教育即自由的實踐

Teaching to Transgress: Education as
the Practice of Freedom

bell hooks 著

劉美慧 主譯及導讀

ＰＥ學富文化事業有限公司

國家圖書館出版品預行編目資料

教學越界——教育即自由的實踐/bell hooks 著；
　劉美慧主譯.
　--初版.-- 臺北市：學富文化, 2009.05
　面；　公分
　含索引
　譯自：Teaching to Transgress: Education
　　　　as the Practice of Freedom
　ISBN（平裝）978-986-6624-08-7
　1. 批判思考教學 2. 反省思考教學 3. 女性主義

521.4　　　　　　　　　　　　　　97011651

初版一刷 2009 年 5 月

教學越界——教育即自由的實踐

作　　　者　bell hooks
主　譯　者　劉美慧
發　行　人　于雪祥
發　行　所　學富文化事業有限公司
地　　　址　台北市大安區和平東路二段 118 巷 2 弄 20 號
電　　　話　02-2378-0358
傳　　　真　02-2736-9042
E - M A I L　proedp@ms34.hinet.net
印　　　刷　天晶印刷事業有限公司
定　　　價　300 元（不含運費）

ISBN: 978-986-6624-08-7

本書如有缺頁、破損、裝訂錯誤，請寄回更換

周 序

　　19世紀英國學者紐曼（J. H. Newman, 1801-1890）大主教，在其著名的經典《大學的理念》（*The Idea of a University*）中，曾清楚地說明大學的主要功能在於「教學」（teaching）。他的立論是，大學是教導普遍知識的場所（a place of teaching universal knowledge），因此大學始終應該堅持「教學」的中心功能。由於紐曼所處的時代，正逢德國研究型大學興起之時，大學宗旨究應著重於研究抑或教學，此爭議方興未艾，但紐曼對於此一問題的立場甚為堅定。他說：「如果大學目標在進行科學研究與哲學發現，那我就不明白，為何大學要有學生？」紐曼甚至主張研究或知識的創新，不應成為大學的中心功能之一，對他來說，大學就是一個教育場所，應該從事的是知識傳播的工作。

　　從大學在20世紀乃至21世紀的發展來看，證明了紐曼看法並非完全正確，我們也無需繼續堅守著他的主張不放。因為事實上，科學的研究或知識的創新，早已成為當代大學最重要的功能之一，它不僅已與大學的教學功能分庭抗禮，甚至更有超越之勢。就像著名的趨勢專家貝爾（Daniel Bell）所述的，隨著自然科學與社會科學的發展，在現代的大學中，「研究」已然取代了「學術成就」（scholarship）居於主導地位。此處所謂的「學術成就」指的正是「心靈的品質」（quality of mind），而不是「研究的數量」。

　　固然我們必須承認，現代的大學已經不是傳統的單一性university，而更像加州大學前校長克爾（Clark Kerr）所說的multiversity，是一個彙集各方人才及知識的多元性，但是當過度強調大學的研究功能，或是大學教育一切評鑑的標準都是以研究的產出作為最高的依歸時，從某個角度來說，大學其實就是走回了「單一性」的老路，只不過過去強調的是「教學」，現在則獨沽「研究」一味。

　　在今日，我們都已了解到，大學的功能中，研究與教學並非全然互斥，甚至行有餘力時，對社會的服務推廣也成為大學的任務之一。研究做得好的人，並不必然不會用心於教學；而教學卓越的教師，也未必無法做出出色的研究。所謂研究型的大學，更不一定非得要忽略或排斥教學不可。研究與教學之間，往往存在相輔相成的關係。我們甚至可以這樣說，惟有今日教學的成功，才能保證明日傑出研究的可能。不管大學要如何定位自己，研究型大學還是教學型大學？教師「認真教學」，才是大學教育中的「王道」。

　　鑑於教學在大學教育中的重要性，國立臺灣師範大學（以下簡稱台師大）在 96 年開始設立「教學發展中心」（以下簡稱本中心）時，就將其定位於校內的一級單位。這一方面顯示了校方重視「教學」的決心，也代表了追求教學卓越，更將是校方永續發展的重點項目。傳統作為一所以師資培育為主的大學，台師大向來即以教學品質優良著稱，其在教育學術方面的研究，更可謂國內首屈一指，連教育部教學卓越的訪評委員到校訪視時，都稱讚學校在此些方面的表現，甚至期許本校能發揮教育研究的優勢，加強高等教育教學方面的研究與實踐。

周 序

　　對於本中心而言，編輯《大學卓越教學叢書》是我們強化高等教育教學方面的研究及彙集相關研究成果的第一步。目前規劃這套叢書未來出版的重點有三：（一）協助將國內優秀學者有關高等教育教學方面的研究成果予以出版；（二）翻譯國外與高等教育教學方面有關的名著；（三）邀集教學優良卓有成績的大學教師進行實務經驗分享，並進行彙整。我們希望，透過這套叢書的出版，除了能讓國內外有關高等教育教學的研究成果獲得推廣，從而提昇國內高等教育教學研究的水準外，更讓國內的高等教育工作者能因而正視「教學」的重要性，使國內大學的教學品質能夠獲得長足的進步。

　　這本由台師大教育學系劉美慧教授所主譯的《教學越界：教育即自由的實踐》（*Teaching to Transgress: Education as the Practice of Freedom*），可說是西方近年來最重要的高等教育哲學著作之一，本書原作者胡克絲（bell hooks）（原名 Gloria Watkins）則是近來最受囑目的女性主義教育學者。在這本書中，胡克絲提出了許多具有革命性的創見，她除了提出「交融教育學」（engaged pedagogy）的概念外，也在本書中論述了其對於大學中教學的看法。胡克絲希望所有的人在教學過程中，都能開放自己的心胸，讓我們可以認知到那些超過我們可接受界線之外的事物，她所宣揚的是一種「跨越界線」的教學。而透過本書的閱讀，相信也可以提供讀者跨越自己經驗界限之外的體會。

　　感謝劉美慧教授共襄盛舉，同意將所譯大作列為叢書第一輯，將成果與高等教育學界同仁分享。此外，我們也要特別感謝所有參與本套叢書出版的作者及譯者，以及應允協助出版此套叢書的學富文化公司，正因為有著這群熱心學者及文化人的

努力，國內的教育園地才能不斷地成長茁壯，孕育出更多的果
實。

國立臺灣師範大學教學發展中心主任

周愚文　謹識

導　讀

為何要翻譯這本書？

　　初次接觸 bell hooks 的《教學越界：教育即自由的實踐》
這本書，是我在花蓮師範學院（現為國立東華大學）多元文
化教育研究所任教時。多元所「所如其名」，是一個相當自由
與多元的學術環境，任職教授的學術背景就是一種跨界的組
合，我們因背景的不同，在這裡開展了跨界的學習。在這樣
豐富的文化脈絡之下，我接觸了 bell hooks 的書，被她親近
的書寫方式、基進的觀點與熱情的教學實踐，深深地吸引。

　　2005 年秋，我轉至台灣師大教育系服務，開設博士班的
「族群關係與教育研究」課程，指定修課學生閱讀本書中與
多元文化教育相關的章節，當學生初次閱讀這本「和平常閱
讀的學術論文不一樣」的書籍時，發現原來學術知識也可以
如此親近，當時我們在課堂上透過經驗與文本的對話，開啓
了豐富的討論。《教學越界》是 bell hooks 自己在大學多年的
教學心得與理論結合的成果，我對 bell hooks 提及的教學議
題心有戚戚焉，於是興起和學生共同翻譯這本書的想法，希
望透過翻譯，跨越語言的限制，與更多同好分享。翻譯是一
件相當耗時費力的工作，但也是享受知識饗宴的工作。在文
字推敲過程與概念理解的過程中，我讓自己更有機會讀出字
裡行間的意義，再透過文稿的多次閱讀，能夠不斷對照自己
的教學經驗與文本，無形當中轉化自己對教學的看法，我想

這是翻譯這本書最大的收穫。

這本書適合想要跨界的人閱讀，因為它跨越教育哲學、教學論、女性主義、多元文化主義、語言與文學的邊界。這本書也適合想要轉化教學的人閱讀，因為它肯定教師想要改變的勇氣，並提供教學轉化的策略。這本書更適合想要挑戰現狀與規準的人閱讀，因為它質問何謂「規準」？何謂「標準英語」？何謂「理論」？它批判優勢者制訂的遊戲規則，並提醒我們用多元的觀點重新理解世界。

有人批評 bell hooks 的著作不夠學術，原因是太情感性、沒有參考書目，bell hooks 以「所謂真正的理論作品就是那些高度抽象化、術語化、難以理解，並充滿了模糊參考文獻的作品。」（p. 66）*來回應這個問題。一份發展了深奧理論卻被束之高閣的作品，與一份可以感動人心並促使實踐轉化的作品，究竟哪一種才是學術研究的真正目的？對於「何謂學術」這個問題，我想我們應該可以重新思考與界定。客觀化、可以類推、引用參考文獻、符合 APA 格式，就是學術的唯一標準嗎？

bell hooks 用一種平易近人的方式，娓娓道來「教育即自由的實踐」的意義，她提及不使用傳統學術慣用的書寫風格，是一個政治的決定，因為她希望作品更具包容性，盡可能讓不同領域的讀者接觸。這本書開啟了我們對跨越邊界的想像──老師與學生之間、理論與實踐之間、優勢者與弱勢者之間、理性與感性、身體與心靈之間，跨界的歷程就是一種實踐自由的歷程。

---

* 此為本書中譯本頁碼。

bell hooks 是誰？

　　bell hooks 是非裔美國人，1952 年出身在美國南方貧窮的勞工家庭，她有六個兄弟姊妹。她的本名是 Gloria Jean Watkins，bell hooks 這個筆名源自於外曾祖母的姓氏。至於為何要用筆名而隱藏自己的真實姓名？bell hooks 在〈to gloria, who is she: on using a pseudonym〉一文中，有詳細的解釋。她提及 Gloria 這個名字常和負面的形容詞連結在一起，例如「輕佻的」、「愚蠢的」，她擔心這樣的負面印象會型塑她的自我認同。對她而言，bell hooks 象徵黑人女性勇敢的特質，是一種有力量的聲音，使用這個名字可以將她的聲音與女性祖先的言說相連結。命名就是一種增能的方式，使用祖先的名字命名，就是讓非裔美國人的歷史與精神長存。這個名字不採傳統第一個字母大寫的習慣是因爲 bell hooks 希望讀者能關注作品的本質，而不是作者本身。這個有意識的命名行動，使 bell hooks 在學術界反而以筆名聞名。

　　身爲勞工階級黑人女性，在當時實施種族隔離政策的美國，其生命與經驗都是受到壓迫與宰制的，bell hooks 總被要求要沉默、認命與服從，做個沒有聲音的聽話者。但 bell hooks 從小就勇於表達意見，爲此常遭到父親的處罰。來自家庭與社會環境中性別歧視與種族歧視的經驗，成爲日後她主張女性主義、強調解放教育的重要根源。從小她就熱衷文學與寫作，希望未來成爲作家，但父母卻希望她找個安穩的教職與歸宿；成長、求學、生涯發展上的種種限制，使她找不到自己的歸屬感和學習的興趣。進入高等教育的 bell hooks 想擺脫無聲且被邊緣化的客體位置，開展自己的主體性與認同，

她開始透過文字發聲，將對現實生活的批判與反省轉化為實踐的力量。

bell hooks 於 1973 年獲得史丹佛大學的學士學位，1976 年獲得威斯康辛大學麥迪遜分校的碩士學位，1983 年獲得加州大學聖塔克魯斯分校的博士學位。在研究所就讀期間開始教學，她發現高等教育強化學生必須順從權威的觀念，忽略教育解放與自由實踐的重要性，「大學和課堂變得愈來愈像監獄，是一個充滿懲罰和監禁，而非充滿希望和可能性的地方」（p. 4）。所以她藉由寫作來發聲，主張交融教育學，並在自己的場域轉化教學實踐，至今仍樂在教學。bell hooks 於 1981 年出版了第一本著作《*Ain't I a Woman: Black woman and feminism*》，探究性別與種族交錯的議題，圓了當作家的夢想。此外，她也積極演講、投入學術社群，並持續學術創作，以實際行動表現她對壓迫的反抗與認同的追求。

bell hooks 具大學教授、作家、女性主義者、社會行動者等多重身份。她的著作等身，初期作品關注女性主義理論與實踐，之後擴及族群、性別與階級議題的分析，以及多元文化與解放教育的論述。她對於族群、性別與階級交互作用的分析以及各種形式的壓迫與宰制的批判，皆能直言不諱而且一針見血。她曾經在耶魯大學、歐柏林學院以及紐約市立大學任教。bell hooks 被譽為最美國當今最具影響力的黑人女性之一。

本書有何重要論述？

本書是一本關於女性主義、多元文化與解放教育教育的

導 讀

著作,全書共有十四章,導論描述其成長經驗與教育理念的型塑歷程,一到三章闡述交融教育學與多元文化教育理念,四到六章分析其學術理論淵源,七到九章論述女性主義理論及其對女性主義學界的批判,十到十四章從自身的大學教學經驗,論述教學轉化與教學社群的建立,並且勾勒教育的無限可能性。每篇文章都環繞「教學」的主題,重新反思教學實踐促進學習的策略。整體而言,本書重點如下:

強調師生共同參與的交融教育學

bell hooks 受到 Paulo Freire 的批判教育學、一行禪師的入世佛學、多元文化主義與女性主義的影響,開展了交融教育學。她認為教室應該是個令人興奮、永不無聊的地方,在這裡師生應該共同參與,為營造學習社群而努力。

bell hooks 首先強調應對囤積式教育進行批判性的檢視。她認為傳統教育學的邊界,亦即全知全能的教師與作為知識客體的學生,使得教師擁有至高無上的權威,而學生噤聲成為被動的接收者。要改變這種情形,必須讓師生的經驗共同進入教室,透過真誠的對話、互動、協商、交融的方式,創造出大家都是教與學的參與者之情境。要達到這種對話和知識生產的層次,教師必須交融於自己自我實現的反思、統整與轉化的過程,反省知識和經驗的權威,思考如何跨越邊界與學生交融於對話中。

交融教育學強調學生的經驗和聲音,bell hooks 尤其關注教室裡的弱勢學生,鼓勵他們增能與發聲,使他們的聲音被聽見,使他們的存在被肯認;在教室裡,要珍視每個人的存

在，因每個人的存在都有其價值。她進一步探索這些經驗和認同形塑的社會與歷史建構，以批判的態度施行交融與轉化。實施交融教育學並不容易，不只是內外在學習環境的轉化，還要求學生對自己的行動負責；教師必須學習在多元文化的情境中，接受不同的認知方式，瞭解不同群體的文化符碼。

唯有當每個人都能投入學習，為自己的學習負責，才有可能活化傳統的教育，培養多元能力的學習者，使學習績效與情感緊密連結。這樣的教育使我們去挑戰彼此，培養批判分析的能力與投入社會改革的行動力。這種透過投入、互動與實踐交融歷程的學習，將會帶來興奮感和愉悅，已成為 bell hooks 教育學理論的特色。

提倡批判取向的多元文化教學

面對學生日益多元的背景，bell hooks 提出對多元文化教學的批判與建議。她認為教師僅將多元文化納入課程，而不去探討族群、性別與階級的議題，不去質問日常生活中內化的偏見與歧視，僅在彰顯自己未帶有偏見，這是一種表面功夫。多元文化的確是敏感的議題，許多教師習於安全的教室環境，一切在自己的掌控之中，擔心在教室內討論爭論議題，會造成對立、激烈的意見表達，甚至衝突的可能性。這種故意忽略差異的安全教學方式，看似能避免衝突，卻容易造成教室中的某些學生成為學習的客體，缺乏參與的興趣，成為 Freire「囤積式教育」下的被動學習者，強化了教育的再製現象。「秉持這些信念的教師不敢勇於挑戰自我，因為他們代表了既有的社會秩

序，他們只想讓教室維持原有的風貌」（p. 127）。如果我們一直僅以讚頌差異、附加閱讀的方式來處理多元文化議題，反而會加深既有的意識形態，無法改變不公義的社會結構。

bell hooks 認爲在課堂上，「白人性」等種族中心主義的概念都應被深思熟慮地理解和討論，唯有透過批判性的分析，才有助於優勢族群意識的解構，這種分析也是一種知識建構的歷程。她提及「白人男學生常被視爲是特別的，他們常被允許勾勒自己的智性發展生涯，但其他的人通常被期待要順從。我們的不順從會被帶著懷疑的眼光檢視，被當成是掩飾自卑感或未達工作標準所做的徒勞反抗，弱勢族群在學校似乎不是爲了學習，而是證明我們是如何成功地被同儕同化。當我們不斷地面對偏見時，看不見的壓力削減了我們的學習經驗（p. 5）」。以語言的分析爲例，她認爲對非裔美國人來說，英文是一種壓迫者的語言，壓迫者利用英語成爲羞辱、欺壓和殖民的武器。被壓迫者知道「這是壓迫者的語言，但我必須用它來和你說話。」但他們也重新塑造語言來超越征服與支配的疆界，他們將英語改變、轉化，成爲一種新的語言，促使殖民者再思英語的意義。對 bell hooks 而言，語言是意義的傳達媒介，使記憶生根以對抗我們的意志；然而語言也可能變成一種反抗的工具，去挑戰社會的迷思與不公平。

批判取向的多元文化教育應超越多元和接納，主張多元文化課程不應該是弱勢族群論述的嘉年華會，應該成爲建立在知識理論上的嚴謹教學。文化差異不是一種被鼓勵要尊重包容的現象，而是人類知識的重要根基。

開展兼具解放與自由的博雅教育

學校一直被認為是實踐自由的空間，多數人也認為憑藉教育獲致成功的機會是平等的，但是 bell hooks 卻指出了教育中暗藏的種族、階級與性別議題。她從己身的經驗出發，發現僅管大家意識到階級差異的存在，卻避而不談且默默接受階級差異導致的不同對待。「一個不是來自特權階級的人，一旦接受與特權階級相似的舉止，將有助於個人地位的提升，於是，學生為了被接受，自然會吸取中產階級的價值觀，……他們的聲音就會被壓制下來。」（p. 158）因此「儘管進入『民主』教室的學生相信他們擁有言論自由權，但是，多數學生對於這項權利的運用仍然感到不自在，特別是當他們必須表達格格不入或者不受歡迎的想法、觀念或感受時」（p. 158）。換言之，當維持秩序與害怕丟臉、不被認同的恐懼結合，產生對話與建立學習社群的可能性便會減低，則傳統囤積式教育繼續進行，師生的思與行都被禁錮在主流霸權的規則中。bell hooks 指陳了教室中許多學生與主流規範疏離，成為教室中邊緣人的情況，影響其自我概念、文化認同與學業成就，此與教育目的及本質有所悖離，因此她在書中不斷強調，教師必須看見教室中的弱勢與被邊緣化學生，了解學生的經驗，確保教室裡的學生都是可以被看見的，也讓學生有機會去包容多元文化，產生兼具解放與自由的博雅教育本質。

鼓勵跨界、挑戰規準

「跨界」是本書的中心概念，從性別、種族、階級的刻板印象與偏見的跨越，囤積式教學的摒棄與師生關係的轉

變，一直到學術審查標準的批判，在在都顯現出 bell hooks 對既定不合理界線的質疑與挑戰。

　　bell hooks 以自身的經驗來說明一些看似合理的表象，實則隱含壓迫與宰制的可能，要獲得自由，就必須以理論和經驗去理解不同位置的權力運作，進而批判與行動。由於難以預測改變的結果，令人對於改變心生畏懼，因而裹足不前。因此 bell hooks 希望藉由此書帶來自由解放之教學實踐的力量，現身說法讓讀者看到改變的可能性。另一方面，跨界的思考也影響到個人的學習與情感，多元文化主義使教育工作者面對教室中知識分享上的狹隘邊界，以及教育中所存在的各種偏見，而「學生渴望破除這些邊界以獲取知識，他們願意拋開重新學習的疑慮，……學習與過去不同的認知方式」（p. 37），bell hooks 覺得學生比老師更具有跨界與挑戰的勇氣。

　　本書非學術性的寫作風格讀來流暢且平易近人，與 bell hooks 於書中提到要打破傳統學術審查規準的立場一致。寫作風格的選擇應盡可能去觸及不同位置、不同動機、不同類型的讀者，儘管此種方式常使其處於與主流學術反抗的位置而受到貶抑。「黑人女性或是邊緣的白人女性團體，特別是以親近廣大讀者的手法書寫的作品，通常在學院體制中不具合法性，即使那個作品促使並推展了女性主義實踐。雖然這些作品常常被設定限制性標準的人士所佔用，但也最常被他們宣稱不具真正的理論性」（p. 57）。bell hooks 批判了學界對理論的宰制現象，對她來說，理論的價值不應以「抽象化、術語化、難以理解、模糊的參考文獻」的程度來判定，而應視大眾共享知識的情況。僅爲少數人所理解的理論實用性低，但學界卻常依此審查標準將作品區分品質優劣與價值高低，此

舉生產了「知識階級的階層制度」,「是一種自戀、自我沉溺,試圖創造理論與實踐之間的鴻溝,以便讓階級精英的統治永存」(p. 58)。

bell hook 強調跨越理論與實踐的邊界,如果能以不同方式運用理論,則能發揮療癒傷痛與教育解放的功能。行動雖然重要,但需要理論的引導與支持;單純地高唱行動至上,或者一味地擁抱理論無價,反倒強化了宰制與壓迫的情形。

本書也強調應破除學校教育中隱含的中產階級知識與價值觀,如囤積式教育、階層的社會安排、排它的課程標準等。在性別與種族偏見的交互影響下,有色人種女性常被迫成爲教室中無聲的學習者。bell hooks 提及「白人男學生仍舊是教室裡最常發言者,有色人種的學生及一些白人女性害怕被同儕批評爲智識不足,我曾經教導過許多聰穎的有色人種學生,其中有許多大四學生技巧性地逃避在課堂上發言,有些人覺得他們不堅持自己的主體性,反而不會遭受任何的抨擊,……許多教授對他們的發言並不感興趣」(p. 33)。而且,學生爲了被學校接受、提升自我的地位,只好表現出中產階級價值觀下的學生行爲,「高聲吵鬧、生氣、情緒爆發,甚至毫無節制地大笑這類似乎無傷大雅的舉止,都無法被接受,被視爲是對班級秩序的野蠻破壞,這些特質也與較低階級的成員連結在一起。」(p. 158)這些中產階級的價值觀迫使學生靜默順從,認可教室教學的運作方式。bell hooks 批判教室中的階級權力位階,強調應打破不合理的霸權。她強調個體可以從檢視日常生活中的偏見與刻板印象開始,在生活中獲得自我實現與增能的機會,去跨越邊界。

bell hooks 以經驗和理論去理解不同位置的權力運作,她

融入更多元的相互聯繫，對教育學和差異政治的構成關係有更辯證式的理解。她指出即使是白人女性主義者也要開始承認階級與族群議題的重要性，並且提供空間去聆聽非裔美國人女性的聲音。她認為不同族群背景的女性應共同攜手跨越邊界，集體為女性的自由而奮鬥。本書挑戰了差異團體不能一起工作的假設（例如黑人女性與白人男性），bell hooks 藉由與白人男性哲學家 Ron Scapp 的對話參與，提供不同文化背景者建構教學社群可能性的實例。

本書對大學教學有何啟示？

大學教師不必修習教育學分，獲得博士學位就能到大學任教，博士學位似乎成為教學能力的保證。在教育研究領域，我們時常看到基層教師的教學實踐行動研究，或是大學教授針對中小學教學現場的研究分析，但是高等教育中的教學卻仍舊是一個黑箱，是比較少被研究與討論的。這樣的情形隱含了一種預設，中小學的教學比較重要或需要改進，相對的，高等教育的教學就不是那麼重要了。

最近幾年，台灣的高等教育教學開始受到重視，例如各校教學發展中心與區域教學發展中心的設立，開展大學教授的教學增能與教學社群的建立，並舉辦各種軟性議題的座談分享；在要求學術發表績效之外，也開始關心教授身心靈的平衡發展。這些措施無不希望大學的教學也能和研究一樣，獲得同等的地位。

bell hooks 從小就不想成為老師，但她默默耕耘這塊在大學諸多專業裡最不受到重視的工作，最後卻成為一位樂在教學

的教師，而且她認爲教學產生的極樂勝過生命中的其他經驗。這本書是 bell hooks 在大學二十多年教學經驗的累積，或許可帶給想要轉化教學的老師一些啓示。

保持教學熱情

bell hooks 批判今日的高等教育中，並沒有太多充滿熱情的教學或學習，即使學生非常渴望求知，教授仍然畏懼挑戰。她在本書第十四章以「極樂」（ecstasy）來形容無限可能的教與學。她認爲學習應該是愉悅且令人興奮的，我們要對人、事、物時時懷抱著探索與接觸的熱情，師生之間將因爲愛而有更緊密的連結；當教室情境中存有愛，那麼愛也會綻放。同時，知識的學習也會產生興奮的氛圍，從學習而來的趣味和愉悅，使教與學成爲共同努力的創造性互動。此種鼓勵興奮與熱情的行動，本身就是一種教學越界的嘗試，因爲它需要突破既有界線，所以教學不能完全依照既定的教學大綱，應該保有彈性，並發掘學生的個殊性，依其需求進行互動與教學。學術不必然與嚴肅劃上等號，興奮與學術是可以並存的。除了師生積極性的互動產生的熱情，改變教學場域或到不同性質的大學任教，也是保持教學熱情的一種方式。

強調經驗知識

要給學生何種閱讀文本一直是高等教育教師面臨的難題，bell hooks 主張不要用艱澀的文本來難倒學生。她認爲有些女性主義理論，常因爲咬文嚼字、難以理解，使學習者感到生硬晦澀，「在文字上難倒學生，讓他們目光遲滯地留在教室

裡，感到屈辱，……這種女性主義理論，有什麼用處呢？」（p. 58）這樣的理論造成學生與知識疏離，無形中也壓抑與貶抑了其他形式的知識。bell hooks 強調經驗性知識的重要性：「經驗可以作為認知的方式，並且可以瞭解我們如何知道所知道的（p. 80）。」她要求學生書寫札記並與同學分享，肯定了每個聲音的特殊性與價值，同時也讓學生覺察到經驗的多樣性，沒有任何人有特權。威權概念在教室中被解構了，且經驗的陳述能以深化討論的方式融入課堂之中，尤其是那些邊緣化群體學生感受到課堂討論與其息息相關時，將能更願意發聲、更期待參與，學習的熱情也會出現。

我這幾年的多元文化教學偏重敘事分析，我邀請學生回溯並分析族群、性別、階級等對自身處境的影響，探討這些因素如何交織型塑現在的我。敘說過程得以讓學生重新看見自己，成長歷程並不是文化中立的，而是受到社會文化的建構。敘事的確是一種力量，也相當具感染力，透過不同背景者生命經驗的相互關照，得以看見經驗的流動與結構的限制，進而開展多元文化觀。但敘事亦有其限制，例如容易流於表面的反思、自說自話的困境或是情緒的宣洩。因此，當我們在課堂連結知識與經驗時，要使經驗能夠深化，經驗才有意義。

理論與實踐的連結

本書不斷強調理論與實踐的糾纏關係，bell hooks 不主張理論的優越性，也對於有些人迷戀教育實踐可以不必理論的主張，予以批判。我在一篇反思自己多元文化教學的文章中提及，我的課程不主張理論的優越性，也不主張實踐可以不以理

論為基礎，我認為課堂知識必須與學生生活經驗相結合，應該強調一種實踐的知識。所以我希望學生將他們的生命經驗轉化為知識，並且進一步去運用這些已經獲得的知識。只是當我企圖拉近理論與實踐之間的鴻溝時，我也要避免給予他們強迫實踐的壓力，而是思考如何引導他們產生實踐的動能。

當我的學生告訴我：「我們在課堂中反思主流文化霸權，為紀錄片中弱勢兒童的處境掉淚，下課後大家卻趕著去吃飯、打工，課堂的討論與真實世界之間有一種斷裂的感覺。」我知道學生是為了「我能做什麼，改變什麼？」而質疑多元文化，也某種程度呈現出如何實踐的焦慮。因此，教師應該提供學生行動的機會與開創實踐的空間。我希望學生上完課後告訴我的不再只是「我很喜歡這門課」，而是「這門課改變了我的行動與處境」。

因應差異的教學

bell hooks 反對學生運用「經驗權威」的發聲方式，劃分知識分享的界限，因為此舉乃在宣示本身的優越感特權。她發現「許多男性白人學生確實帶著對經驗權威的堅持進入我的教室，……使他們覺得自己所說的每一件事都是值得聽取的，他們的想法和經驗應該是課堂討論的重要核心」（p. 73），「有些教授認為勞工階級背景的學生沒有什麼值得言說，在討論時也不會有任何有價值的貢獻」（p. 133）。邊緣群體或特殊學生在教室中是被排擠的，在體制內教室的發言既不被注意，也不受歡迎，久而久之，即使他們被賦予發言權，也會感到畏懼與排斥，喪失了主體性。bell hooks 認為，多元文化教育的目的在

讓課堂成為人人皆自覺有責任參與貢獻的民主場域，因此她運用多元教學方式討論不同議題，依學生背景知識的不同提供不同閱讀教材，並將經驗性知識帶入教室，弱勢學生就不會被噤聲，而且可以透過經驗的分享，看見彼此的差異，進而尊重差異；跨越差異代表我們必須改變原有的思維模式，不再害怕衝突，並利用衝突作為引發新思維的契機。交融教育學讓教師看見與因應學生背景的差異，檢視教師固有的思考方式，以接納不同的、異於傳統知識論的看法，了解不同文化的認知方式，讓學生也有機會去包容多元觀點。「尊重」（respect）這個字的根源是注視（look at），注視教室內學生的不同背景差異，才有可能尊重差異。

減輕教師的負擔

　　大學教師要同時承擔教學與研究工作，時常面臨蠟燭兩頭燒的困境。bell hooks 認為大多數的人不會將教學視為提升學術的工作，「教授被期待要發表，但是沒有人真正期待或要求我們用獨特的熱情與多元的方式教學」（p. 189）。因此，在有限的時間與精力的衡量下，教學時常是被犧牲的一環。bell hooks 提出幾項減低教師工作負擔的策略，首先，她認為為了能讓師生在交融教育學的教室中充分參與學習，必須注重教學的品質，過多的修課人數將會破壞解放教學實踐的力量，因為「太過擁擠的課堂就像過於擁擠的建築物——結構可能會崩塌」（p. 144）。教學也可能淪為娛樂表演的風險，許多學生不是為了對話而來，這樣對學習社群的建立毫無助益。

　　再者，學生的教育不應只侷限在教室中，師生可以多元方

式共同參與校外的社群，教師也可以在教室外創造支持性學習團體，所以她進一步提到「我們可以減低授課總時數，從事不同計畫，讓教師有時間從事課堂之外的教育工作」（p. 146）。「教師需要有遠離教學的時間，……如果我們可以留職停薪兩、三年，而在該時間可讓其他失業的人從事該工作的話，為什麼不能鼓勵這樣的作法？」（p. 148）

此外，教學與研究不應該是二元對立的，教學與研究的相互關係，可以提供作為知識份子與大學教師的前瞻洞見。我對這樣的觀點相當有感觸，在我這幾年的研究經驗與結果中，它提供我教導「多元文化教育」、「教育研究法」等課程具體的實例，具體化課堂理論的討論；而在大學課堂與學生的對話與觀察，也時常為我找到研究的靈感。教學與研究的互相關照，也可以避免教師產生「被掏空」的焦慮。

反思教學、勇於改變

bell hooks 點出教師習於現狀而畏懼改變的原因在於「準備不足」，缺乏衝突與緊張的心理準備。教師因為害怕教室失控，所以落入慣用的教學模式中。而有些教授投入基進的教學實踐，但學生卻未表現尊敬其權威時，他們會覺得這些實踐是錯誤的，故而回到傳統教學實踐。這種害怕與退卻導致教師以中產階級規範維持既定秩序，以確保教師權威。那麼，該如何跨出改變的第一步？我認為反思在教學轉化的歷程中是相當關鍵的。

我曾經在一篇文章中提及我一直將自己擺放在一個安全的位置，避免有系統且深入地批判自己的教學，當基層教師勇

於「看」自己與「被看」時，大學教師仍停留在「不看」。有
了這樣的體悟，我決定深入觀察與分析自己的教學，我希望透
過教學行動與反思，看到我的邊界並企圖跨越邊界。透過對經
驗不斷反思、批判、解放、重構的循環歷程，可以讓我重新看
見自己，改變自己，並重新思考下一步行動的可能性。我發現
這樣的回溯、實踐、反思、閱讀與展望的歷程，是一種充滿困
頓與不安的歷程，也是一種解放與獲得自由的歷程；我深信教
師的實踐知識是來自於對自己教學實務的反省與批判。經歷了
這幾年的教學，我對教育有了重新的理解，「當老師」這件事
對我而言已經變成一種認同了，這是一種發自內心的認同，它
也定義了我的存在。「大學並非天堂，但是學習卻是能夠創造
天堂的地方。儘管教室存在諸多限制，卻是充滿可能性的地方」
（p. 196）。我很喜歡這句話，希望以這句話與教育工作者共
勉。讓我們攜手並進，讓教學成為跨越邊界的行動，也是一種
實踐自由的運動。

無限的感謝

　　本書得以完成，首先要感謝我在台師大的博士班學生，我
在 2005 年轉任師大教育系時，在「族群關係與教育研究」的
課堂上與他們相遇，他們和我一起遨翔在 bell hooks 的文章
裡，享受教育即自由的實踐，除了負責課堂部分章節導讀，亦
共同翻譯本書初稿；如果沒有他們，這本書的出版可能遙遙無
期。他們的背景與負責的章節如下：

林亮雯，獲國科會千里馬計畫，目前在加州大學洛杉磯分校進
　　修，負責第一、二、三、十四章。

李昆翰，目前仍在台師大教育系攻讀博士學位，並爲台中市西
　　苑高中的專任教師，負責第五、六、十三章。

林仁傑，2008 年考上公費留學考試，即將負笈英國倫敦大學攻
　　讀博士學位，負責第四、七、十二章。

陳伊琳，2006 年考上公費留學考試，目前爲英國倫敦大學教育
　　學院博士候選人，負責第八、九章。

劉欣宜，2009 年獲得台師大教育系博士學位，目前在師大從事
　　博士後研究，負責第十、十一章。

　　感謝這五位學生先行翻譯初稿，並在翻譯過程中聚會討
論。初稿完成後，我再逐字逐句對照原文修訂，統一用語，並
再三閱讀潤飾，增加譯者註釋而成。

　　感謝本校教學發展中心周愚文主任以及方永泉教授將此
書納入中心的教學叢書，並撰文推薦。他們對於本校的教學發
展投注相當多的心力，舉辦各種活動、透過各種軟硬體，支持
教師的教學，他們的用心開創，著實令人感佩。

　　最後要感謝學富出版社于雪祥老闆協助取得中文翻譯
權，並且耐心等候文稿。在翻譯期間，于老闆不時出現在我的
研究室，關心我翻譯的進度，我每次總是說：「下星期一定交
稿」，但是在求好心切的態度與繁忙工作的壓力下，我一再「跳
票」，對於我無法如期交稿，一方面感到焦慮，一方面也對于
老闆深感抱歉。感謝于老闆的同情與理解，而且願意在這不景
氣的時代，「勇敢」地出版。

劉美慧
臺灣師範大學教育學系

目　錄

導　論
教學越界

當歐柏林學院的英語系決定是否要授予我大學教授終身職的前幾週，我一直被夢魘所糾纏，在夢裡我想逃跑、想要消失甚至死掉。我會做這些夢並不是因為害怕自己無法獲得終身職，我害怕的是即將獲得終身職的我將永遠被禁錮在學術的牢籠裡。

當我獲得教授終身職時，我並沒有得意忘形，反而陷入一種深沉的、致命的沮喪。當周遭的人都認為我應該感到輕鬆、興奮與驕傲，我卻為我「真實」的情緒感到「罪惡」，也無法與任何人分享這種感覺。一系列的巡迴演講把我帶到充滿陽光的加州，在我姐姐位於拉古拿海灘的家，有一個月的時間可以好好地冷靜一下。當我將心裡的感覺與姊姊（她是個心理治療師）分享時，她很能體會我的想法，她說：「因為妳從來就不想當老師，寫作才是妳從小的夢想。」她是瞭解我的，別人總是認為我會當老師。在實施種族隔離政策的南方，勞工階級出身的黑人女孩只有三種生涯選擇：結婚、當女傭或老師。當時很多男人有男尊女卑的想法，他們不想娶聰明的女人為妻，因此，一個女人聰明的程度就可以決定她的命運。從一開始上學，我就注定要成為老師。

　　但是我一直無法忘懷成為作家的夢想，從小，我就相信自己可以兼顧教學和寫作。我一直熱衷寫作，相較之下，我對教學沒有那麼熱衷，但它是我賴以維生的工作。寫作是我個人所渴望，並可從中獲得榮耀的事；但教學是一種回饋社群的服務。對黑人[1]而言，教學或教育在本質上是十分政治性的，因為它根源於反種族歧視的奮鬥。事實上，學校也成為我體驗學習就是革命的場域。

　　我在布克華盛頓學校（Booker T. Washington）的老師幾乎都是黑人女性，她們努力培養我們的智慧，使我們能夠成為學者、思想家和文化工作者——可以運用才智的黑人。我們很早就知道努力學習運用才智，來從事反霸權的行動、抗拒白人種族中心的殖民策略。雖然我的老師們沒有將這些行動加以定義或理論化，但他們卻深刻地親身實踐了一場反殖民的革命性教育。在這些黑白隔離的學校中，黑人小孩被視為是特殊的、具有天賦的，並得到特別的關注。我的老師們身負重責大任，他們陪在我們身邊，為我們努力，以確保我們可以走上知識分子的道路，並提升族群的地位。

　　為了達成這樣的任務，老師們必須「了解」我們。他們知道我們的父母、我們的經濟情況、我們做禮拜的地方、我們的家庭狀況，以及家人對待我們的方式。我在歷史性的時刻進入學校，因為我的老師同時教過我母親以及她的兄弟姐妹。老師可以從我的家族經驗脈絡中瞭解我的努力與學習能

---

[1] 譯注：多元文化強調避免對弱勢族群命名上的語文偏見，所以改稱黑人（Black）為非裔美國人（African American）。bell hooks 此書中仍沿用 black 一詞，為尊重原著的用法，譯者將其譯為「黑人」。

力，例如特定的行爲、姿勢或習慣，都有脈絡可循。

對我來說，上學是一件充滿歡樂的事情，我享受當學生學習的樂趣。學校是令人著迷的地方——充滿了愉悅，也充滿了危險。觀念的啓發與改變是令人愉悅的，但是學到和家庭信念相反的價值觀卻是令人感到危險的。家是強迫我必須符應他人對我想像的地方，學校則是讓我可以忘記那個自我，並透過理想重塑自我的地方。

族群融合政策使學校漸漸改變了，以前學校裡全是黑人時，老師們那種救世主般想要轉化我們身心的熱誠以及教學實踐都消失了。知識突然簡化成資訊，與個人的生活經驗及處事方法無關，也不再與反種族歧視的奮鬥連結。當我們搭乘校車到白人學校時，我們立刻知道別人希望我們學習服從，而非求知的慾望；我們過度積極地投入學習反而會被視爲是對白人權威的威脅。

當我們進入廢除種族隔離的白人學校時，我們遠離了那個老師抱持政治使命在教導黑人小孩的世界。我們在多數白人教師的教導下，更加強了種族主義的刻板印象。對黑人小孩而言，教育不再是自由的實踐。當我瞭解到這一點之後，我便不再喜歡學校了。課堂不再是一個充滿愉悅、令人著迷的地方了。學校仍然是一個政治性的場域，因爲我們要不斷對抗白人的種族歧視，她／他們總是認爲我們先天低劣、能力不如白人小孩，甚至沒有學習能力。這裡的政治不再是對抗霸權，我們只能不斷地對白人同儕做出回應。

當我從一個我所深愛、全是黑人的學校轉到一所黑人學生總是被視爲外來者的白人學校，這種轉變讓我理解透過教育實踐自由，以及透過教育強化宰制兩者之間的差異。少數

勇於抗拒的白人教師，她／他們不會以種族偏見來決定教學的方式，她／他們堅信學習可以達成解放的目的。有些黑人教師則是甘願冒著被指責爲偏袒自己族群的學生，持續地教育黑人學生。

　　儘管經歷這些極度負面的經驗，我中學畢業時，仍然相信教育大有可爲，它提高了我們追求自由的能力。當我成爲史丹佛大學的學生時，我強烈希望自己成爲具批判力的黑人知識份子。但是當我坐在教室時，我卻驚訝地發現教授們對於教學這件事一點也不感到興奮，她／他們並不認爲教育與自由的實踐有關，大學課堂再度強化了我們必須學習順從權威這件事。

　　在研究所階段，課堂變成我痛恨的地方，也是我努力宣告及維持作爲獨立思考者權利的地方。大學和課堂變得愈來愈像監獄，是一個充滿懲罰和監禁，而非充滿希望和可能性的地方。在大學期間，我寫了第一本書[2]，雖然這本書直到多年後才出版。我不斷寫作，更重要的是，我準備成爲一位老師。

　　接受自己命中注定要成爲老師之後，我深受大學及研究所時所經歷到的課堂經驗所折磨。大多數的教授缺乏基本的溝通技巧，她／他們無法自我實現，她／他們時常在課堂上施行宰制及濫用權力的控制儀式。在課堂中，我學習到許多未來我成爲教師後不想重蹈的覆轍。

　　我發現自己在研究所的課堂上時常感到無聊，囤積式教

---

[2] 譯注：bell hooks 19 歲時，完成了第一本書《我不是女人嗎：黑人女性與女性主義》（*Ain't I a Woman: Black Women and Feminist*）的初稿。過了將近十年，這本書才得以出版。

育（其基本假設是：已經獲得的知識可以堆積與儲存，並且在需要時將知識提取出來並加以運用）無法激起我的興趣。我想成為批判思考者，雖然這種渴望往往會被視為是對權威的一種威脅。白人男學生常被視為是「特別的」，他們常被允許勾勒自己的智性發展生涯，但其他的人（尤其是來自邊緣群體的人）通常被期待要順從。我們的不順從會被帶著懷疑的眼光檢視，被當成是掩飾自卑感或未達工作標準所做的徒勞反抗。這些日子裡，我們這些進入有聲望及優勢的白人學院受教育的邊緣族群，在學校似乎不是為了學習，而是證明我們和白人是平等的，證明我們是如何成功地被同儕同化。當我們不斷地面對偏見時，看不見的壓力削減了我們的學習經驗。

面對這些壓力與無聊冷漠的課堂，我的回應方式是想像另一種完全不同的教學和學習經驗。當我發現巴西思想家 Paulo Freire 的作品，這是我第一次接觸批判教育學，我猶如發現了心靈導師——一位瞭解學習具有解放性意義的人。有了他的教育學說，以及我自己在純黑人的南方學校中接受到的增能教育經驗，我開始發展自己的教學實踐藍圖。當時我已經深深地投入女性主義的思想之中，因此我很自然地用這樣的思想來批判 Freire 的作品。很顯然地，我覺得這位素未謀面的導師，如果真的致力於實踐自由的教育，他應該會鼓勵並同意我挑戰他的想法。同時，我也使用他的教學典範去批判女性主義教室的限制。

在我大學和研究所期間，只有白人女性教授發展婦女研究的課程。即使我在第一門課中教導研究生從女性主義的觀點來研究黑人女性作家的作品，那也是在黑人研究的學程中

進行的。當時我發現，白人女性教授對黑人女學生的女性主義思考以及學術發展並無興趣，尤其當這些興趣包含了批判性的挑戰時。然而，即使他們沒有興趣，卻無法阻止我投入女性主義的思想或參與女性主義的課堂。在這些課堂裡，我們可以對教學實踐提出質疑，學生可以藉由知識增能成為更好的學者，可以超越學術活得更充實完整。女性主義課堂也是一個學生可以對教學過程提出批判質疑的地方，這些批判並非總是被鼓勵或完全被接受，但它們是可以存在的。有限度的接受這種批判性質問，卻是教學上的一大挑戰，它邀請學生得以更嚴肅地思考教學與自由實踐的關係。

當我初次在大學課堂教書時，我依賴那些曾啟蒙我的黑人女性教師、Freire 的作品，以及女性主義對基進教育學的思考作為典範。我熱切地盼望自己的教學可以和我高中以後所受的教育完全不同。第一個典範型塑我的教學觀就是教室必須是一個令人興奮而非無聊的場所。如果氣氛變得沉悶，那麼就必須採取一些教學策略加以調整、改變，甚至打斷這種沉悶的氣氛。Freire 的作品和女性主義教育學都沒有提及課堂中的愉悅這個概念。學習應該是讓人興奮，甚至「有趣」的想法，是教育學者討論中小學甚至高中的教育實踐時的主題之一，但是在高等教育中，無論是傳統或基進的教育學者，似乎對這樣的主題討論不感興趣。

在高等教育中，我們通常認為興奮會破壞學習過程中必要的嚴肅氣氛，如果想在大學的課堂中鼓勵興奮的氛圍，就是一種教學越界的嘗試。它不僅需要超越接受界限的行動，而且還必須認知到興奮的產生絕不可能出自一套固定流程來主導教學實踐；教學流程必須具有彈性，而且需隨時調整方

向。學生必須被視爲獨特的個體（這個策略來自於小學時老師對我們的瞭解），並根據他／她們的需要進行互動（此處應用了 Freire 的概念）。我對自己身處在那些無聊課堂的經驗進行批判性反省，我想像課堂是令人興奮的，而且這種興奮可以和嚴肅的知識並存，甚至促進學術發展。

　　但是光有興奮這個理念，並不足以製造一個令人興奮的學習過程。作爲課堂的學術社群，我們是否有能力在課堂中創造興奮感，端賴於我們是否對他人感興趣、能傾聽他人的聲音、認知到他人的存在。大多數的學生都是透過保守的、傳統的教育方式來學習，而且只關心自己以及教授的存在。任何基進的教學都必須堅持每個人的存在都必須被認知到；這種堅持不能只是宣稱而已，它還必須透過教學實踐來證明。一開始，教授必須珍視每個人的存在，並且清楚每個人都會影響到課堂的動力，每個人的存在都有其貢獻。這些貢獻都是資源，如果運用得當，可以使課堂成爲一個開放的學習社群。不過在這麼做之前，我們必須打破一個傳統的觀念，就是認爲只有教授才必須爲課堂的動力負責，這種責任與位階有關。固然，體制結構爲了確保課堂績效，要求教授必須擔負更多的責任，但是不管教授如何能言善道，都不可能僅靠她／他一個人就創造出一個令人興奮的課堂。興奮感必須透過集體的努力才可能產生。

　　將課堂視爲一個大家共同擁有的地方，可以提高大家願意創造並維持學習社群集體努力的意願。有一個學期，我在課堂上遇到極大的困境，完全無法共同營造學習社群的氣氛，我發現問題在於那堂課的上課時間太早了，它被排在九點以前，幾乎有三分之一到二分之一的學生還沒完全睡醒；

再加上「差異」所帶來的張力，使得我一直無法克服困境。有時候，課堂上也會有一些令人興奮的片段出現，但是大部分的時間是沉悶的。我實在太討厭這堂課了，以致於很害怕自己會因爲睡過頭而忘了去上課（即使已經設定好鬧鐘、響鈴，而且事實上我也從來沒有忘記去上課），每到上課的前一晚，我都擔心到無法入眠。但這並沒有造成我抵達課堂時還昏昏欲睡，我還是充滿了只有在少數學生身上才能看見的活力。

時間過早只是這堂課無法成爲學習社群的原因之一，不知道是什麼原因，這堂課使有些「抗拒型」的學生無法接受新的教學方式，他／她們不希望這堂課與平常的課不同。對這些學生而言，跨越邊界是一件恐怖的事情。雖然這些學生的人數不算多，但是她／他們這種僵化的抗拒，其影響力通常比那些想要朝向開放與愉悅學習的學生更大。這堂課讓我學習到，不管教授有多堅強的意志力或慾望，都不能單靠自己的力量就讓課堂成爲一個令人興奮的學習社群。

在這門課程之前，我一直將《教學越界：教育即自由的實踐》這本書的讀者群設定爲教師。在課程結束之後，我理解到這本書應該針對老師與學生而寫。在學術界裡，關於批判教育學和女性主義教育學的作品通常都是由白人女性與男性書寫，與我對話的 Freire 也是，在他的許多作品中，都提到他是站在一個白人男性的位置發言。近幾年許多基進教育思想家（包括批判與女性主義觀點）的確開始意識到由階級、種族、性別、國籍等所產生的差異之重要性，但是黑人或非白人參與基進教育學的討論，並沒有明顯增加。

我的教學實踐是由反殖民、批判、女性主義教育學交織

而成的，這種多元觀點的複雜性和獨特性是我投入教學實踐裡很迷人且有力量的立場。跨越邊界使我得以想像並實踐一種教學實踐，那就是可以對課程中存在的偏見（例如種族主義和性別歧視）提出質疑，同時運用新的方式來教導不同文化背景的學生。

　　在本書中，我想要分享一些我對教學實踐的觀點、策略和批判性的反思。我希望這本書的文章是一種介入——即使文章中提到教學實踐迫切地需要改變，我仍希望這些文章可以中和一些對教學的貶抑。他們可以被視為具有建設性的評論，充滿希望並且生動地傳達我所體驗過的教學樂趣與愉悅；這些文章對教學充滿了讚頌，強調教學的樂趣在於它是一種抗拒的行動，抗拒師生常感到那種勢不可擋的無聊、無趣、冷漠的課堂經驗。

　　每篇文章都會一再地提到「教學」這個共同的主題，讓我們重新反思教學實踐與促進學習的建設性策略。依據不同脈絡而分開撰寫的章節，不可避免地會有部分的重疊，例如有些概念和關鍵字會一再地出現。雖然我在此分享我所使用的策略，但這些文章並不是為了營造課堂的愉悅氣氛而提供的固定藍圖。因為這樣做會違背交融教育學[3]的理念，交融教育學體認每個課堂都是有差異的，教學策略必須不斷地改變、轉化、再概念化，以符合新的教學經驗。

　　教學是一種表演活動，我的文章秉持這樣的觀點，提供改變、創造與轉化的空間，它可以作為一種催化劑，呈現每個課堂的獨特性。為了切合教學是一種表演的觀點，我們必

---

[3] 譯注：關於「交融教育學」（engaged pedagogy）的翻譯，請參看第一章的說明。

須討論「觀眾」互惠的議題。教師不是傳統概念下的那種表演者，因此我們的工作並不是要製造盛大的戲劇演出，而是要提供一種催化劑，促使每一個人愈來愈投入，並主動地參與學習過程。

就如同我剛剛所提到的改變，我們對「聲音」的看法也該有所不同。在日常生活中，我們用不同的方式與不同的對象說話，我們會根據說話對象的獨特性，而選擇最好的溝通方式。為了秉持這種精神，本書的每一篇文章也有不同的聲音。他們反映了我企圖因應特定脈絡而使用不同的語言，以及期望與不同的讀者溝通。對不同的社群進行教學不只意味著我們的典範必須轉變，也代表我們思考、書寫、說話的方式都必須跟著改變。這種積極投入的聲音不是固定的、絕對的，而是不斷變動的，並能引發與外界對話。

這些文章反映了我和教師、學生和進入我課堂的觀察者進行批判討論的經驗。這些文章具有多重的意義，希望能為教育即自由的實踐做見證。早在公眾認定我是一個思想家或作家之前，我就已被課堂中的學生認定為一個努力創造動態學習經驗的老師。現在，我更被視為是知識實踐的倡導者。的確，在我演講中遇到的學界人士總會因為我在演講中親密而深入地提及課堂教學經驗而感到驚訝。尤其當我談到我正在書寫一系列有關教學的文章時，她／他們就顯得更為驚訝。這種驚訝傷感地暗示教學在學術專業中被視為一件無聊、較無價值的事情，而這種觀點十分常見。然而，如果我們想要滿足學生的需求，如果我們想要讓教室變成令人興奮的地方，讓學生有意願學習，這種觀點就需要被挑戰。

教育正面臨一個嚴重的危機：學生不想學，老師也不想

教。最近幾年，美國教育工作者被迫要面對社會上這種對教學的偏見，並且要創造新的認知方式、分享知識的多元策略。如果進步的批判思想家和社會批判者認爲教學不是一個值得關注的主題，我們將無法解決這個教育危機。

教室仍然是大學中最具有可能性的基進空間，但是長久以來它卻被師生拿來作爲尋求機會主義的平臺，而非學習的地方，使得教育的基礎被削弱。我希望藉著這些文章，喚起一種嶄新、有活力的教學實踐，盡可能地敞開我們的心胸，瞭解邊界之外的世界，不斷思考，開創新的視野。我希望教學得以越界——是一種對抗並且超越邊界的運動，是將教育視爲實踐自由的一種運動。

第一章

交融教育學[4]

　　將教育視爲自由的實踐，即是認爲每個人皆能夠學習的一種教學。對於相信教職乃是一種神聖的志業，並非僅是資訊的分享，且願意與學生共享智識與精神成長的教師來說，學習歷程是一件最簡單的事。倘若我們希望讓學習在深刻而親密的情況下開展，那麼以尊重且關懷學生靈魂的方式進行教學，乃是不可或缺的必要條件。

　　在我身爲學生和教授的這些年來，深受那些有勇氣跳脫機械式生產的制式教學的老師所激勵。即便師生關係在彼此尚未互相肯認的情況下開展，這些老師仍以情感與渴望回應每個獨特的個體，來接近學生。然而，這種相互肯認的可能性是一直存在的。

---

4 譯注：要將 engaged pedagogy 譯成中文並不容易，台灣學界或譯為「投入教學」（謝小芩，1997）、或譯為「涉入的教育學」（潘慧玲，1999）、或譯為「交融教育學」（楊滿玉，2002；楊幸真，2004；郭丁熒、施惠文，2007）。Engaged pedagogy 這個概念是受到 Paulo Freire 的實踐（praxis）與越南僧侶一行禪師的入世佛教（engaged Buddhism）之影響，強調教師與學習者的投入與參與，更強調教育的整全性與身心靈合一；因此，譯為交融教育學或許更能呈現其多元的意義。

　　因為 Paulo Freire 和越南僧侶一行禪師[5]的作品深深觸動我心，而成為我的「老師」。當我還是大學新鮮人時，Freire 的想法成為我挑戰囤積式教育（banking system of education）的支柱。囤積式教育下的學習，主張學生只需要消費教授餵養的資訊，並且將之記憶和儲存即可。在過去，Freire 堅持教育即自由的實踐之想法，鼓舞我在課堂上設計他所謂「意識覺醒」（conscientization）的策略。抱持著「我和每位學生都該是積極的參與者，而非被動的消費者」的信念踏入教室，我將意識覺醒轉化為批判的敏覺（critical awareness）以及參與（engagement），但教育即自由的實踐，卻不斷地被那些對於「學生參與」這個概念抱持敵意的教授們破壞。Freire 的著作宣稱只有當每個人均享有知識生產權時，教育才具有解放性；一行禪師也在他的入世佛教哲學強調這種「共工」（mutual labor）的概念，其關注焦點在於實踐與慎思，這樣的哲學接近 Freire 強調的「實踐」（praxis）──為了改變世界而採取的行動和反思。

　　在一行禪師的著作中，他總是將教師視為治療者。如同 Freire，他認為知識的取得有賴學生作為積極的參與者，將

---

[5] 譯注：一行禪師（Thich Nhat Hanh）於 1926 年出生於越南，16 歲時在歸原寺當見習僧，後來赴美研究並教學。越戰期間返國從事和平運動，對於越南的年輕僧眾起了重大啟發，戰爭結束代表參加巴黎和談。越南赤化以後被放逐，至今仍不得回國。1967 年美國黑人民權領袖馬丁路德‧金恩提名他角逐諾貝爾和平獎。1982 年他在法國南部建立了「梅村」（Village Des Pruniers）禪修道場，並赴世界各地弘法。1995 年曾到台灣弘法並主持禪七法會。一行禪師被譽為當今國際社會中最具宗教影響力的僧人之一，以禪師、詩人、人道主義者聞名於世。著作超過八十本，都是教導人們在生活中實踐佛法，在台灣有多本著作出版。

第一章
交融教育學

覺察與實踐連結在一起。Freire 主要關注心智，一行禪師則提供另一種思考方向，他強調整全性及身心靈合一的教學。這種全人的學習方式與精神的實踐戰勝了我多年來在社會化過程習得的迷思：如果學生和教授視彼此為完整的個體，雙方不僅為了書本的知識而努力，也追求如何活在世上的學問，課堂的價值將被貶低。

在我任教的二十年中，當學生希望被當作具有複雜的生命和經驗的完整個體來看待，而非只是切割劃分的知識追求者時，我目睹存在教授之間的一種嚴重弊病（非關他們的政治信念）。當我還是大學生，婦女研究剛在大學找到立足之地，那些課堂是教師願意承認在大學殿堂所學到的理念的確與日常生活所學之間存在連結的地方。一般說來，在女性主義的教室裡，儘管學生有時會濫用課堂上的自由，只想停留在談論個人經驗，但在那裡我看到教授們為了營造知識分享的參與空間而努力。今日，多數從事婦女研究的教授不再如此熱切地探索新的教學策略。儘管有這樣的轉變，許多學生仍舊希望能踏入女性主義的教室中。因為他們依然相信，在那裡比大學的其他地方，有更多機會可以經驗教育即自由的實踐。

進步的、全人教育的「交融教育學」，比常見的批判或女性主義教育學有更高的要求。不同於這兩個教學實踐，交融教育學強調全面性的安適，這意味著教師必須積極投入於自我實現的過程，若教師希望學生增能，那麼就必須提升他們自身全面性的安適。一行禪師強調「治療者、諮商員、教師或其他助人專業者的作為，應先導向他／她自身，因為如果助人者本身並不快樂，他／她將無法幫助他人。」在美國，

很少人會認為大學校園中的老師是個治療者，更鮮少聽到有人建議教師有責任成為自我實現的個體。

在大學之前，我對於知識份子和學者工作的瞭解，主要來自 19 世紀的小說和其他讀物。我確信對於選擇這個志業的我們來說，全面地追求自我實現也是我們的任務。然而，大學時代的親身經驗卻摧毀了這樣的想像。在大學裡，我深感自己好像對於「教師」這個專業有太過天真的想法。我所學到的跟自我實現差得很遠，大學對於那些精於書本知識，但卻不擅長社會互動的人來說，就像是個避風港。我很幸運的在大學時代，開始能夠分辨一個以實踐為使命的知識份子／教師以及將自己的角色定位為學術專業人員，兩者之間的差異。

要精確地維護知識份子應該是完整個體的這個想法，必須深刻地根植於精神上的安適、關注靈魂這個脈絡下。的確，在中產階級的教育結構中，對於教師的物化（objectification）似乎詆毀了整全性（wholeness）的概念，而支持促進區隔化的身心二分之觀點。

這項支持強化了公與私的二元區隔，助長了師生認為無論是日常生活的行為或個人習性，都與教授的角色毫無關聯。於是，知識份子應追求身心靈統合的想法，被意味著天生有著不穩定的情緒，個人的長處即是來自他／她的學術成就的觀念所取代。這也意味者無論學者是否犯有毒癮、酗酒、虐待家屬或性氾濫，對於我們的認同來說，唯一且最重要的是我們的心智是否發揮功能，是否在教室內做到該做的事。這樣的自我，在跨過門檻的那一刻後即是空洞的，徒留一個客觀存在的心智——沒有經驗和偏見，令人擔憂這樣的自我

是否會妨礙教學的歷程。今日，部分教師／教授的角色中的享受與特權就是缺乏自我實現的要求。於是，當那些不在乎內在安適的教授們，面對著學生要求解放教育、要求有助於他們走向自我實現的教學法的時候，感受到威脅之深也就不令人意外了。

當然，對於高中時期的我來說，想像著能夠在大學校園裡，從作家、思想家和學者中找到精神和智識的導師，的確是過於天真。若真能碰到這樣的事，就好比在偶然中發現稀世珍寶一般。於是，如同其他學生一般，我知道倘若能找到一位言談讓人信服而風趣的教授，那麼我的確是幸運的。我所碰到的多數教授們並非不重視啟蒙，但是，他們似乎對於在教室這個屬於自己的小王國裡運作權力和威權更感興趣。

但此並非表示校園中缺乏令人信服、仁慈親切的指引者，只是在我的記憶裡，能遇到對於進步的教學實踐有熱忱的教授，真的很少，令人訝異的少。這樣的情況讓我感到沮喪，我所遇到的大多數教授，他們的教學風格並不是我想要仿效的。

對於學習的承諾，讓我持續不斷地出席課堂。儘管如此，我並未依循那些輕視我的教授們的看法，而成為一個毫無問題的、順服的學生。於是，我逐漸地與教育疏離。在這段疏離期，我發現 Freier 對我而言相當關鍵，讓我得以在學生的身份中存活。他的著作不僅使我瞭解過去所受教育的侷限，也讓我發現教與學的其他策略。但在遇到那些宣稱追隨 Freire 教學模式的白人男性教授，儘管他們從比較先進的觀點來處理學科題材，事實上卻仍陷於支配結構的泥沼中，教學風格如同其他保守派教授，特別地令人失望。

當我初次遇到 Paulo Freire 時，我熱切地想知道他的教學風格是否將體現他在書中所描述那般具有說服力。在我向他學習的短暫時間裡，我深受他的出現以及他連結理論的教學方式所感動（並非所有對 Freire 感興趣的學生都有相同的感受經驗）。這段與他共處的經驗重拾我對解放教育的信心，我一直相信我們不必強化現存的支配體系也能教學，教授不一定就得當教室裡的獨裁者。

當我希望以教學為職業時，我相信個人的成功與自我實現有密不可分的關係。如此追尋的熱忱，讓我不斷質疑常被視為理所當然的身心二元區分。多數的教授，對於任何植基於強調身心靈統合哲學觀點的學習方法，抱有極深的敵意，甚至輕蔑的態度；就如同我現在正在教導的許多學生一樣，有權力的學者常告誡我，在大學中追尋這樣的觀點是誤入歧途。在學生時期，我的內心感到極度地痛苦，而當我聽到學生表示，倘若他們想要過得好、倘若他們想逃避不合理的壓榨，或者拒絕加入高壓的階層體制，那麼他們在學術專業上終將無法成功，我就憶起當時的痛苦。這些學生一如過去的我，時常感到恐懼，害怕在大學中，容不下想要追求自我實現的意志。

之所以浮現這樣的恐懼，是因為許多教授對於解放教育結合求知與實現意志的願景，懷抱強烈的敵意。有些教授對於學生希望課堂是「交心的心理治療團體」（encounter groups）常有怨言。儘管學生期望教室成為諮商場合的確十分不合理，但是對他們來說，希望在教室所接收的知識，能更豐富並且提升自我，卻是適切的。

最近我遇到的學生，比起二十年前的我以及我的同儕，

對於自我實現的計畫似乎感到更不確定，他們覺得這世上似乎沒有明確的道德指引來規範行動。然而，在他們感到失望之時，卻也固執地認爲教育應具有解放性。比起我的那一代，他們希望並且要求能從教授身上獲得更多。有好幾次當我走入學生爆滿的教室裡，而那些學生在心理上曾受過深痛的創傷（許多人求診於諮商者），但是我並不認爲他們希望從我這裡獲得諮商，他們真正想要的是能夠治癒那些未受啓發心靈的教育。他們的確渴望具有意義的知識，而他們真正企求的，是我以及我的同事們，在提供資訊的同時，能夠連結他們當下所學以及整個人生的經驗。

這些來自學生的要求並非意味著他們將永遠接受我們的指引。而這是教育即自由之實踐的樂趣之一，如此一來，學生就得爲自己的選擇負責。在《村之聲》（*Village Voice*）這本探討我們師生關係的書中，我的一位學生 Gary Dauphin，在〈How to run the yard: Off-line and into the Margins at Yale〉一章中，分享與我共事的喜悅，以及當他決定全心投入兄弟會而非致力於寫作時，出現在我倆之間的緊張關係：

> 人們想到像 Gloria（我的名字）這樣的學者就想到差異，但是我從她身上學到最多的卻是相同性——從我身爲一個黑人男性，以及其他有色人種的共同性，到女性、男女同志、貧窮者，及任何想要加入者的共同點來看。透過閱讀，但最主要是來自生活中和她的接觸，讓我學到這些。我經歷著穿梭於課堂中的高峰以及出了教室後的低潮之間。Gloria 是個安全的避風港……加入兄弟會幾乎就是盡

所能地遠離她的課堂，遠離那個她和需要各樣食糧的學生
共享午餐的黃色廚房。

這是 Gary 對於樂趣的描寫。當我們討論他希望加入兄弟會
的理由，而我輕視此決定時，緊張關係於是產生。Gary 評
論道：「兄弟會象徵著她所厭惡的黑人兄弟情誼，這其中以
暴力和辱罵作為聯繫與認同的主要暗號」。在論及我對他的
影響力時，他堅決主張自己的自主性，他寫道：「但是她同
樣也必須知曉，她、書本和其他教師影響我人生的有限性」。

後來，Gary 發覺參加兄弟會的決定並不是很有建設
性，因為我「過去教導他開放性」，在兄弟會中卻鼓勵單面
向的忠誠。在這段經驗以及之後，我們彼此的改變，即是交
融教育學的一個例子。

Gary 藉由批判思考，透過閱讀理論和積極分析文本，
經驗了教育即自由的實踐。他最後對我的評論是：「在事件
落幕之後，Gloria 針對這件事只提過一次，而這件事告訴我
世上有多重的選擇與邏輯，不管我做何種選擇，只要我誠實
即可」。之所以引用 Gary 這麼多的文章內容，是因為這是可
以肯定交融教育學的證據，這代表我的聲音並不是教室裡唯
一算數的。

交融教育學當然會珍視學生的表達。在 Mimi Orner 的文
章〈 Interrupting the calls for student voice in Liberatory
Education: A Feminist Poststructuralist Perspective 〉中，她應
用傅科的架構指出：

規訓和懲罰意味著利用悔過來進行心靈課程和教學實踐，
要求學生在權威人物例如老師的面前，公開地揭露甚至告

白有關於他們的生活和文化。

當教育是自由的實踐時，學生並非唯一必須分享、懺悔的人。交融教育學不只是要讓學生增能，任何應用整全性學習的課堂，也是促使教師在歷程中成長與增能的地方。當我們鼓勵學生冒險時，倘若我們拒絕示弱，增能將無由產生。那些期望學生分享懺悔的敘事，但自己卻不願如此做的教授，實際上正強制地運作權力。在我的教室中，並不希望學生承擔任何我不願意接受的風險，以我不願意的方式進行分享。當教授將他們生活經驗的敘事帶入課堂時，也就降低了我們可以作爲全知而沉默的審問者的可能性。如果教授願意身先士卒地冒險，將自白性的敘事連結至學術討論，以此說明經驗如何能夠照亮，並支持我們對於學術教材的瞭解，這樣的方式將具有生產性。但是多數的教授必須先練習如何在教室中放下身段，完整地呈現他們的身心靈。

那些革新派的教授努力轉化課程，避免偏見，或不再強化支配體系，通常也願意接受交融教育學所須承擔的風險，並讓他們的教學實務成爲抗拒的基地。在 Chandra Mohanty 的文章〈On Race and Voice: Challenges for Liberation Education in the 1990s〉中，她寫道：

> 抗拒存在於自我意識與支配、規範性論述以及再現的參與之中，存在於積極創造對抗性的分析和文化空間裡。隨機而孤立的抗拒，顯然並不如透過系統而政治化的教學實踐來得有效。揭露那些被壓抑的知識並重新言說，即是宣稱另一種歷史的方式。但是這些知識必須藉由教學來重新理解與界定，一如爲了激進地轉化教育體制，而產生的策略

與實務，以及學術的問題。

願意接納因自我實現帶來的挑戰的教授，將有較佳的能力提供學生能夠活得更完整而深刻的認知方式，並營造讓學生參與投入的教學實踐。

第二章

價值的革新——
多元文化變遷的希望

前年夏天，直到最後一刻我才下定決心參加畢業二十年的高中同學會。那時我剛完成一本新書，每當我完成一件工作，總是感到失落，就如同移除了一個穩定的支撐點，讓我的腳踩不著地。在一個計畫的結束與另一個計畫的開始之間，我總是面臨意義的危機，我開始懷疑自己的人生到底是為了什麼，以及我來到這世上到底是要做什麼；這就好像當我全然沉浸在一件工作時，我對自身毫無知覺，而在工作完成之後，必須重新找尋我是誰，以及未來的方向。當我知道將要舉辦同學會時，就好像可以重新找回自己，有助於體驗重新發現的歷程。由於從未參與之前的同學會，我也不曉得該有怎樣的期待，但我確定這次的同學會將會與以往不同，因為這是第一次種族融合的同學會。在過去幾年，同學會總是種族區隔的，白人同學在他們的地盤舉行他們的同學會，黑人則是單獨舉行另一場同學會。

一個融合黑人與白人的同學會將會如何，我們一點也不確定。那段在我們青少年階段的種族隔離時期，是那樣地充

滿著敵意、憤怒、衝突和失落。身為黑人的我們，為了種族融合必須離開我們所珍愛的全是黑人學生的阿塔克斯（Crispus Attucks）高中，搭乘巴士到兩個城鎮中間的白人學校去就讀而感到憤怒。我們必須大老遠地前去，並且肩負起實現反隔離的責任；我們必須放棄熟悉的世界，進入一個似乎是冷淡且陌生，不屬於我們的世界、我們的學校。我們不再居於核心而是處於邊緣，這一切很傷人。那是段讓人不快樂的日子，我依然記得為了讓我們趕在白人學生到校之前，搭上巴士進入校園，必須提早一個小時起床而憤怒。我們被迫坐在體育館裡等待，因為在上課之前，這樣的動作阻絕了社會接觸的可能性，也認為可以預防衝突以及敵意的爆發。然而，再一次地，這個轉化的重擔又落在我們身上，白人學校雖然解除隔離，但是在教室、咖啡廳，以及多數的社會空間中，依舊瀰漫著種族隔離的氛圍。那些自認為進步革新的黑人和白人學生，嫌惡那些隱而不宣的種族禁忌，這樣的種族禁忌代表著縱使在反隔離政策下，仍維持白人的優勢以及種族隔離。白人同學似乎從未瞭解，我們黑人的雙親不像白人期待和我們交往，反而希望我們不要和白人交往。那些想要在我們生活中的各個角落實現種族平等的黑人們，被視為社會秩序的威脅者。我們以自己為榮，以願意跨越規範、具有勇氣為榮。

我們這群自認為藝術家的聰明孩子組成的小團體，相信我們命定要創造反叛者的文化，由此，我們可以過著如同波西米亞人一般永遠自由的生活，我們非常肯定自己的激進性。在同學會的前幾天，我深受回憶撼動著，並訝異地發現我們反抗的基因已離昔日的勇氣很遠。通常，它們是無法真

正挑戰現狀的抗拒行為。那時候，我有一位要好的白人男性朋友 Ken，我很喜歡搭乘他老舊灰色的 Volvo 汽車，如果我錯過了巴士，他會載我回家，而這樣的行為會激怒並惹惱那些看到我們的人。跨越種族界線的友誼已經夠糟了，但跨越性別更是前所未見而且危險（有一天，一輛車子裡面的白人男性試圖用車趕我們離開路面時，我們發現這是多麼地危險）。Ken 的雙親對宗教信仰相當虔誠，他們的信仰讓他們體現了種族正義的信念。他們是我們社區內，首先邀請黑人進入他們的家，同桌吃飯，以及共同禱告的白人。身為 Ken 最好的朋友之一，我在他們家中是受歡迎的。在經過數小時的討論與爭辯可能的危險後，我的父母同意我可以到他們家一起吃頓飯；這是我第一次和白人一起吃飯，那時我 16 歲。於是，我覺得我們好像在創造歷史，實現了民主的夢想，創造了可以改造美國命運的平等、愛、正義以及和平的文化。

　　畢業之後，儘管在我的回憶裡總留了一塊溫暖的角落給 Ken，我和他還是失去了聯絡。當我碰到那些開明的白人並和他們互動時，總是想起 Ken。那些白人相信和黑人交朋友意味著他們不是種族主義者，並且認真地以為他們伸出友誼之手，其實是施予我們恩惠，進而應有所回報。那些年，看著白人玩著無知的種族主義的遊戲，但遭遇阻礙、拒絕、衝突和痛楚之後卻選擇逃離時，我想起了 Ken。培養我們高中時期友誼的原因，並不是因為我們的膚色，而是我們在現實中分享相同的領會，種族差異代表我們必須為維護這段健全的關係而奮鬥。我們並沒有任何幻想，我們知道將會遇到阻礙、衝突和痛楚。在白人至上的資本主義父權社會下（這是當時我們從未使用的字眼），我們瞭解必須為了這段友情付出

代價，必須拿出勇氣來捍衛我們對於民主、種族正義，以及愛的轉化力量等信念。我們是如此重視這段特別的情誼，因而願意面對挑戰。

在同學會的前幾天，我憶起那段溫馨的友誼，對於那些年輕時所放棄的知識，我感到汗顏。那時的我們，只為了發現知識並非如此，而相信在未來將可以找到與其相當或更好的知識。而我對於自己和 Ken 為何會失去彼此的音訊，感到非常納悶。在這一路上，我從未遇到能夠瞭解種族不平等所存在的深度和複雜性，以及願意實踐沒有種族主義生活藝術的白人。在我成年以後，我曾遇過極少數真正願意邁開大步去創造一個種族平等世界的白人，願意承擔風險、願意勇敢、願意為反抗社會期望而活著的白人。我帶著有機會親眼見到 Ken 的希望前往同學會，希望告訴他我是多麼地珍惜我們曾經共享的一切，告訴他我從不敢跟任何一位白人說的話──只是簡單的一句我愛他。

想起那段過去，我想到當初我們對社會轉化的熱切承諾，那個立基於為所有人帶來自由與正義的激進民主理念的願景。我們對於改變社會的想法並非幻想，當時，並沒有細緻的後現代政治理論影響我們的行動，我們只是想要試著改變日常生活運作的方式，好讓我們身而為人的價值以及習性能夠反應我們對於自由的熱愛。當時，我們的主要關懷就是終結種族主義。今日，當我目睹白人優勢的興起，在社會和經濟上漸增的黑與白、有與無、男和女之間的區隔，我戮力於終結種族主義的同時，也希望結束性別歧視以及性別壓迫，並且根絕階級剝削的體系。當我意識到我們生活在一個支配的文化裡，我像二十多年前一樣問我自己，是怎樣身而

為人的價值和習性，反映我／我們對於自由的熱愛。

在回顧的過程中，我發現過去二十年來曾遇過許多人，儘管他們認為自己致力奉獻於自由和正義，然而他們每日習以為常的生活方式、身而為人的價值觀和習性，於公於私都是優勢文化的幫凶，同時亦為促成不自由的世界的推手。《何去何從？紛爭或團結》（*Where do we go from here? Chaos or community*）書中，Martin Luther King, Jr.以前瞻的洞見告訴這個國家的公民：「倘若我們無法經歷真正的價值觀革命，那麼我們將無法往前邁進。」他向我們保證：

> 這個世界的穩定性，關係到我們的意志所引起的價值觀革命，伴隨正席捲全球的科學和自由的革新運動。我們必須盡快從以「物」為導向的社會轉變成為以「人」為導向的社會。當機器和電腦，利益動機和財產權被視為比人類更重要時，種族主義、實利主義和軍事主義的三重本質將無法破除。文明可以如道德的尊嚴迅速地衰敗，靈性也能像經濟破產般完全喪失。

今日，我們處在慌亂無措中，我們處在混沌裡，對於建立和維繫社群的可能性感到不確定。那些常說服我們回到傳統價值的公眾人物，即是 King 所描述的惡魔。他們常致力於維持支配體系——種族主義、性別歧視、階級剝削和帝國主義。他們提倡一種乖戾的自由，使其與實利主義無異。他們教導我們相信支配是「自然」的，以強凌弱、有權者統治無權者是正確的。而讓我驚訝的是有很多人宣稱要駁斥此價值，但我們集體的拒斥卻無法完全發揮作用，因為，它們充斥在我們日常生活中。

　　這幾天，我不得不思索究竟是什麼力量阻止我們向前，阻止我們實現能夠擁有不同生活價值觀的大變革。King 教導我們瞭解，「如果我們想要擁有世界和平」，那麼「我們的忠誠勢必要超越種族，超越我們的部落、階級以及我們的國家」。遠在「多元文化主義」這個名詞流行之前，他鼓勵我們「發展世界觀」。然而，今日我們在日常生活中不斷目睹到的卻不是對於鄰人和陌生人抱持熱忱的世界觀，反而是回到狹隘的國家主義、孤立主義以及對外國人的無理仇視。這樣的改變常見於新右派和新保守主義的用語中，企圖要為混沌帶來秩序，回到理想化的過去。而這些討論中所提起的家庭概念，即是由此高舉性別歧視的角色來穩固傳統。不意外地，在此家庭生活的願景下，伴隨而來對於安全的看法則意味著我們唯有和自己相同團體、族群、階級、宗教等人們在一起，才是最安全的。不論多少家庭暴力、殺人、強暴、棄嬰等的統計數據顯示，理想化的父權體制家庭並不是一個「安全」的空間，對於經歷任何形式人身侵犯的我們來說，更容易成為那些喜愛我們，而非某些神祕的陌生外來者的受害者；然而這些保守的迷思仍舊持續著。很明顯的，我們並未經歷價值觀變革的主要原因之一，即是支配的文化必然促成了謊言以及拒絕。

　　這樣的謊言，被許多白人（甚至是黑人）用天真無邪的形式包裝著。他們說種族主義已不存在，而且社會正義的情境已穩固地存在，足以讓認真奮鬥的黑人達到經濟上的自給自足，而完全忘卻資本主義事實上需要大量下層階級的過剩勞力。謊言也透過大眾媒體的包裝製造迷思，讓人相信女性主義運動已經成功地改變了社會，使得父權體制的權力政治

已經倒轉。男人，特別是白人，一如軟弱無力的黑人男性，已經變成優勢女性的受害者，所以，所有男人（特別是黑人）應該要團結一致來維持並且再度鞏固父權體制的支配。除此之外，廣泛流傳的說法還包括黑人、其他的少數族群，以及白人女性正在剝奪白人男性的工作機會；而那些貧窮和失業的人，都是咎由自取。很明顯的，我們當代的某些危機是因為缺乏獲知真實的有力途徑而造成的。易言之，謊言並非僅是呈現在每個人面前，而是以一種最有效的溝通來傳達。對於這種錯誤訊息的集體文化消費以及依附性，加上人們在個人生活中的層層謊言時，我們面對事實的能力，以及介入和改變不公情境的意願，也將嚴重地減弱。

如果我們以批判的角度來檢視大學在追尋真理，以及分享知識與資訊上的傳統角色，我們將痛心地發現，那些支持並維繫白人至上、帝國主義、性別歧視和種族主義的偏見，是如此地扭曲教育，使得教育不再是自由的實踐。對於文化多樣性的肯定、認知方式的重新省思、舊有認識論的解構，以及伴隨而來對於課堂的轉化，對於我們如何教以及教些什麼的要求，已經是試圖讓腐敗和死氣沉沉的大學重新恢復生命力的必要革新。

當人們初次談及文化多樣性時，的確令人雀躍。對於身處邊緣位置（有色人種、勞工階級背景，男同性戀和女同性戀等），身在以一種複製殖民主義和支配方式進行的知識分享的機構中，對於自己的存在總是感到矛盾的我們來說，思及民權運動的核心，亦即正義和民主的願景即將在大學中實現，總是令人振奮的。最終，一個認可差異的學習社群將有可能存在，一個我們終將獲得瞭解、接受，並且證實我們認

知的方式在歷史與權力關係之中穩步向前。我們將打破集體的學術否定，並且承認過去我們多數所接受的教育並非政治中立的。雖然事實證明改變無法立竿見影，但是我們對於已付諸行動的過程，將能實現教育即自由的實踐之夢想，仍抱持極大的希望。

　　一開始我們許多同事並非心甘情願地參與這樣的改變，許多人發現當他們試著尊敬「文化多樣性」時，必須面對自己過去訓練和知識的侷限，以及失去「權威」的可能性。甚至，在課堂中揭露某些真實和偏見時，時常會造成混沌和困惑。課堂應該是一個「安全」、和諧空間的想法受到挑戰。對有些人而言，全然瞭解所謂的肯認差異也需要我們願意看見課堂的轉變，允許我們和學生間的關係產生轉變，這並非一件容易的事。許多人對此感到恐慌，他們看到的情形並非是讓人感到自在舒適如「大熔爐」般的文化多樣性概念，一個能讓我們在差異中團結成一個彩虹聯盟，而且每個人都帶著祝福彼此的微笑。這其實是殖民的幻想，對於文化多樣性進步願景的扭曲。Peter McLaren 在最近《教育改革國際期刊》（*International Journal of Educational Reform*）的〈批判取向的多元文化主義和民主的學校教育〉（Critical multiculturalism and democratic schooling）訪談中，批評這樣的渴望，他主張：

> 在我心中，多樣性從某個角度來說，作為良性的文化場域和諧的整體，是一種保守的與自由的多元文化主義的形式，應該是要被摒棄的。因為當我們試著讓文化成為一個不受打擾的和諧、一致性空間時，我們贊同存在於不被干擾、和諧的文化形式的社會關係，造成了社會的健忘症，

第二章
價值的革新——多元文化變遷的希望

我們遺忘了所有在歷史中穩步向前、在社會對立當中被判出局的知識。

　　許多教授欠缺處理課堂出現對立情況的策略，當這樣的恐懼加上守舊者（優勢白人男性）立場的特性，亦即對於改變的抗拒，也就弱化了集體反彈空間的形成。

　　一時之間，認真看待多元文化主義和文化多樣性的教授們退卻而且感到疑慮，轉向具有偏見的傳統或阻礙了教師和課程的改變，而這些改變原本可帶來再現和觀點的多樣性。原先具有開放態度的教授加入舊有的保守勢力，不再計較那些老一輩同事試著勸阻年輕同事的把戲（排斥、輕視等），勸阻他們推動可能會帶來改變的典範轉移。在一次 Toni Morrison[6]的討論會中，當我們對 Morrison 那典型白人、金髮的語言進行批判反思時，J. Crew 分享時提及她的一位英文教授，一個年長的白人（沒有人希望她提起他的名字）透露他很開心地發現還有學生對於閱讀純文學文本的語言仍有興趣，而「不是種族和性別的那些東西」。她對教授的想法感到可笑，也對教授的信念感到困惑，因為這位教授認為，以批判性閱讀小說的方法，並無法在課堂裡與提供新觀點的方法

---

[6] 譯注：Toni Morrison 本名 Chloe Anthony Wofford，1931 年出生於美國俄亥俄州。康乃爾大學文學碩士，曾在多所大學任教，擔任紐約市藍燈出版社編輯、資深編輯，1989 年起榮膺普林斯頓大學講座教授。著有《湛藍之眼》（The Bluest Eye, 1970）、《蘇拉》（Sula, 1973）、《所羅門之歌》（Song of Solomon, 1977）、《黑寶貝》（Tar Baby, 1981）、《寵兒》（Beloved, 1987）、《爵士樂》（Jazz, 1992）、《樂園》（Paradise, 1997）等七部長篇小說。Morrison 為當代美國最重要的黑人作家，曾獲得多項榮譽，包括全國書評家協會獎和普立茲文學獎，並於 1993 年獲得諾貝爾文學獎。

並存。

　　接著，我和班上同學分享我在萬聖節派對上的經驗。一位新來的白人男性同事，我和他交談過一次。他在我的 Toni Morrison 討論會上發表激烈的言論，強調 Morrison 的《所羅門之歌》（*Song of Solomon*）只是薄弱地改寫自海明威（Hemingway）的《戰地鐘聲》（*For Whom the Bell Tolls*）。身為研究海明威的學者，他對於 Morrison 充滿厭惡，他似乎正分享一個常見的論點，也就是黑人女性作家／思想家只是蹩腳地模仿「偉大」的白人男性。當下，我並不想開始上起 Unlearning Colonialism, Divesting of Racism and Sexism 101 這堂課，我選擇那本拒絕父權體制制度化而自力救濟的《*Woman Who Love Too Much*》書中所教的策略，只是說了聲「喔」。接著，我向他保證我將會重新閱讀《戰地鐘聲》，看看我是否也會有同樣的感受。這些看似無關緊要的事件顯露出，任何想要對白人男性正統的西方文明進行去中心化的舉動，都將引人擔憂是否為文明的集體屠殺，這是一種深層的恐懼。

　　有些人以為文化多樣性的支持者意圖以權威的認知方式來取代原有的認知方式，以另一種思考方式來取代原本的思考方式，這或許是對文化多樣性最嚴重的誤解。即使我們之中有些人過度熱切地希望以另一套只是改變內容的方式，來建立另一種絕對性，但這樣的觀點並無法正確地呈現致力於文化多樣性能積極轉變大學革新的願景。面對文化革新，的確會有一段混沌和令人困惑的時期，尤其是犯下嚴重錯誤時。但是假如我們害怕錯誤、害怕犯錯、害怕不斷地自我批判，那麼我們將永遠無法讓大學成為學者和課程能夠處理差

異的多元文化園地。

當反動勢力高漲，當預算被削減，當工作機會變得更加稀少時，那些試圖改變大學、試圖為文化多樣性營造開放氛圍的革新行動，將面臨被破壞或者被排除的危險。我們不能忽視這些威脅，也不該因為我們尚未想出完美的執行策略，而影響我們致力於文化多樣性的決心。為了創造文化多樣性的學術環境，我們必須全心全意地奉獻投入。從其他社會改革運動、民權運動和女性主義解放運動中可知，我們必須接受抗爭所需的耗時性，並且願意保有耐心和警覺心。為了改變大學，使其重視文化多樣性對學習的影響，我們必須抗爭和犧牲。我們不能輕易氣餒，面臨衝突時，我們不能沮喪。我們必須透過讚頌多樣性、歡迎不同的聲音，並且樂於追求真理等學術開放性的共同信念，來鞏固彼此的凝聚力。

從馬丁路德金恩的一生及其事蹟的感人力量，我常思及當他感受到源於宗教信仰的力量而反抗越戰時，他內心深刻的掙扎。擔憂保守的中產階級以及黑人教會對他的孤立，藉由聖經羅馬書第 12 章第 2 節的一段訊息：「不要效法這個世界，只要心意更新而變化」，於是他體會到提出異議、挑戰和改變的必要性。在大學以及文化之中的我們，若想要改變教育制度和社會，進而讓我們的生活方式、教學、以及工作能夠反思我們在文化多樣性之中的喜悅、對於正義的熱情、以及自由的熱愛，那麼我們都應當讓心靈更新。

第三章

接納改變──
在多元文化世界中的教學

　　儘管多元文化主義已成爲當代社會的焦點，特別是在教育上，但我們對於教室現場究竟該如何轉變，才能包容多元學習經驗的討論，仍舊不足。如果我們的教學過程要反映對非白人族群的社會真實與經驗的尊重，那麼，身爲教師，不論來自哪個層級，從小學乃至大學，必須承認我們的教學風格可能需要轉變。我們在課堂上所經驗的教學風格，是反映單一規範的思想與經驗，並且要我們相信這是放諸四海而皆準的，對於白人及非白人教師而言，均是如此。大多數教師都學習以這樣的模式進行教學，於是，許多教師對多元文化教育的政治涵義感到不安，他們害怕會失去教室控制權，因爲多元文化教室反對學科教學的單一途徑，主張多元的方法與多元的參照。

　　教育者要體認到，任何想要轉化制度以反映多元文化觀點的努力，都必須考量教師被要求改變教學典範時所產生的恐懼。因此，我們必須提供一個訓練場域，讓老師學習如何發展多元文化教室與課程的同時，也有機會表達他們內心的

恐懼。當我第一次到歐柏林學院時,我對許多教授不瞭解多元文化教室感到不安。從事婦女研究的同事 Chandra Mohanty,和我有同感。雖然我們都不是終身聘,但是我們強烈地認為歐柏林的校園尚未完全面對轉變中課程與教學革新的議題,我們希望能做些改變。我們先從歐柏林教授的觀點出發,他們幾乎都是白人,都很關心學校學生的受教育品質,因此可能會支持任何有關教育之批判意識的努力。於是我們決定成立一個開放給所有教授,關注教學轉化的專題討論團體。剛開始也歡迎學生加入,但是我們發現學生的出現會阻礙開誠布公的討論。例如,在第一次討論時,幾位教授發表了可能被視為嚴重的種族歧視言論,事後參與討論的學生在校園裡分享老師們說了什麼。我們的目的在於批判意識的覺醒,不希望討論的場所讓任何人覺得受到攻擊,或影響教師聲望。我們真的希望這是個具有建設性的對抗和批判性質問的場所,為了確保這樣的目的,我們必須排除學生的參與。

在第一次聚會時,Chandra(具有教育背景)和我討論影響我們教學實務的因素。我強調 Freire 的作品對我思想的衝擊。我提及我在種族隔離學校的學習經驗,在那裡個人的經驗是重要且受到重視的,然而反隔離政策改變了這一切,黑人小孩被迫就讀把我們看作客體而非主體的學校。許多第一次出席聚會的教授,因為我們公然討論政治觀點而感到不安。因此,我們必須不斷強調,教育並非政治中立;強調一位在英語系任教的白人男性教授,如果只教授由「偉大白人男性」所撰寫的著作,此舉動就是一個政治的決定。我們必須持續不斷地對抗那些否認種族歧視、性別歧視、異性戀歧視等的人,然而這些政治性都將支配我們如何教,以及教些

什麼。我們不斷地發現，幾乎每個人，特別是年老守舊派，比起要他們消極地接受教學反映的偏見，尤其是白人至上的觀點，要他們公然承認政治觀點的確對於教學造成影響，更讓他們感到不安。

　　爲了分享我們嘗試介入改變的一些努力，我們邀請國內各大學的教授前來做正式或非正式的演講，分享他們企圖轉化教學來實現多元文化教育所做的努力。我們邀請普林斯頓大學宗教與哲學教授 Cornel West 來主講「西方文明的去中心化」。我們希望借重他所受的古典訓練，以及身爲一位學者的革新式教學實踐，讓每個人對於我們具有改變的能力感到樂觀。在非正式的場合裡，少數白人教授勇敢坦承他們可以接受轉變的要求，但對於該如何應用這些轉變感到茫然與不確定。這也提醒我們要求每個人改變既有模式並非易事，因此，必須提供場合讓每個人能夠說出恐懼，談論他們正在做些什麼事、如何做，以及爲什麼做。我們最有效果的一次聚會，是請來自不同學科（包含數學和科學）的教授進行非正式討論，訴說他們是如何改變教學以達到多元文化的目標。聆聽別人訴說具體策略有助於減低恐懼；讓較傳統或保守但願意改變的教授討論他們的動機和策略，是相當重要的。

　　當討論結束時，Chandra 和我感到非常失望。我們無法得知究竟有多少的教職員必需去除種族主義才能學習殖民和去殖民的概念，並且能夠全然認同創造民主博雅教育學習經驗的必要性。

　　我們時常發現人們願意接納所謂的「邊緣」群體，但對於他們的貢獻與努力，卻不願賦予相同的尊敬。例如在婦女研究這堂課中，學生通常會在學期結束之時特別關注有色人

種的女性；或者，將種族和差異混為一談。這種表面功夫並非多元文化的轉化，但卻是我們最熟悉的個體改變方式。讓我再以另一件事為例，一位英語系女性教授若在她的授課大綱中，迫不及待地納入 Toni Morrison 的作品，但在課堂上的教學卻未曾將其作品與種族、族群進行連結，這又代表怎樣的意涵？我曾聽說一位白人女性，「吹噓」她如何在課堂上向學生展現黑人作家跟重要的白人作家一樣「優秀」，卻完全不論及種族議題。顯然，這樣的教學並未審視傳統重要作品中所呈現的偏見，而只是另一種表面功夫罷了。

那些不願以敏覺種族、性別和階級意識之觀點來進行教學的想法，泰半源於擔憂課堂將因而失控，以及情緒和熱情將無法節制的恐懼。就某種程度而言，我們都知道倘若在課堂中處理學生熱衷的議題時，就存在著對立、激烈的意見表達，甚至衝突的可能性。在許多描寫教學的文章中，特別是充滿多樣性的課堂，我曾提及必須批判地檢視教師如何將理想中的學習場所予以概念化。許多教授向我表達他們的感受，他們認為教室應該是個「安全」的地方，這意味著教授對一群安靜、只在需要時有回應的學生進行講演。而那些教導批判意識的教授，他們的經驗則意味著許多學生，特別是有色人種的學生，在一個所謂中立的場域中，可能一點也不會感到「安全」。也就是因為缺乏安全感，才會造成冗長的沉默，或者缺乏參與。

讓課堂成為每個人都自覺有責任參與貢獻的民主場域，是轉化教育學的中心目標。在我的教學生涯裡，白人教授常向我表達對於課堂上不講話的非白人學生的關注。當課堂變得更多元時，教師被迫面對支配性政治在教育現場進行再製

的現象。例如，白人男學生仍舊是教室裡最常發言者，有色人種的學生及一些白人女性害怕被同儕批評爲智識不足。我曾經教導過許多聰穎的有色人種學生，其中有許多大四學生技巧性地逃避在課堂上發言。有些人覺得他們不堅持自己的主體性，反而不會遭受任何的抨擊。他們曾經告訴我，許多教授對他們的發言並不感興趣。接受全球對於西方的去中心化，擁抱多元文化主義，這些都強迫教育者關注發聲的議題，誰說話？誰傾聽？爲何如此？在 Freire 所稱的「囤積式教育」中，學生被視爲被動的消費者，因此，是否所有學生皆能善盡他們的責任，對於課堂學習盡一份心力，並非囤積式教育的關注重點。仍有許多教授以此觀點進行教學，想要營造能夠完全包容多元文化主義的學習社群並不容易。比起教師，學生更願意放棄對於囤積式教育的依賴，也比較願意面對多元文化主義的挑戰。

一直到當教師時，我才真正理解轉化教育學的力量根植於多元文化主義。在運用我所理解 Freire 的批判教育學後，我抱著必須建立能夠營造開放以及學術嚴謹之風的「社群」這樣的假設進入教室。我認爲社群的認同感創造一種以共享的承諾、追求共善的意義將彼此團結起來，而非只是關注安全的議題。理想上，我們共享對學習的渴望，積極學習提升我們智識發展及生活能力的知識。在我的經驗中，要在課堂建立社群的方法之一，即是重視每個個體聲音的價值。我的課程會要求學生寫札記，有時會在課堂上書寫並與同學分享。不論課堂成員多寡，這樣的方式至少會進行一次。我任教的班級人數都不少，從 30 到 60 位學生，也曾教過超過百人的班級。傾聽彼此各種不同的聲音，就是一種肯認的行動，

也確保課堂中不會有學生遭受忽視。有些學生痛恨在課堂發言，因此我必須在一開始的時候說明清楚，這是我的課堂要求。即便有無法言說的學生，透過符號（儘管我們無法瞭解），仍能讓我們感受到他們的存在。

在我第一次踏進充滿多元文化、多元族群的教室時，我尚未做好準備。我不瞭解該如何有效地處理這麼多的「差異」。儘管我投入改革運動以及女性主義運動，在此之前，我從來沒有在一個真正如此多元的環境中工作，我也欠缺必備的技能，而這也是多數教育工作者最常發生的事。對許多美國的教育工作者來說，在面臨白人將不再是各教育階段中教室人口組成的常態時，他們很難理解教室將會變得如何。因此，當教育工作者真正面對多樣性時，我們都是準備不足的。而這也是為什麼我們之中的許多人，仍舊頑固地墨守成規的緣故。當我致力於發展建立多元文化學習空間的教學策略時，我發現必須重視那些我在其他有關教學的篇章中，曾提及之不同的「文化規範」。為了能在學生背景多元的班級中有效教學，我和學生都必須學習這些規範。單靠著這樣的作為，就能轉化課堂。在異質的課堂中，想法和資訊的共享無法如同質性較高的課堂裡那般快速。通常在多元文化的教室裡，教授和學生們必須學習接受不同的認知方式與新的認識論。

要學生改變就如同要教授改變典範一樣困難。我總認為學生應該樂在學習，但是我發現在多樣性的教室中，教學哲學如果是根基於批判教育學和（以我為例子）女性主義的批判教育學，將充滿更多的緊張關係。緊張關係有時甚至會產生衝突，這通常意味著學生並非樂於在我的課堂，或者喜愛我這個教授，雖然我私底下希望他們如此。從批判教育學的

觀點來教授傳統的學科，我時常會碰到學生這樣的抱怨：「我以爲這應該是門英語課，爲什麼我們有這麼多女性主義的討論？」（或者他們可能加上種族或階級）。轉化的課堂通常比「平常」的課堂更需要解釋教學哲學、策略以及目的。多年來，我發現許多修我的課時抱怨不斷的學生，在日後與我談論這樣的學習經驗對他們來說深具意義以及收穫很多。在我的專業角色中，我必須拋下自己對於教學獲得立即肯定的需要（即使有些回饋是當下的），並接受學生可能不會立即贊同某種觀點或過程的價值。創造一個尊重個人發言的教室社群，最令人驚喜之處在於學生確實感到自在而願意討論，並且反駁，帶來更多的回饋，而這些回饋是非常重要的。摒除立即獲得肯定的需求，是我作爲教師的重要成長。於是我學習尊重那些正在轉變的典範或新思維的共享知識；對學生來說，正面看待這些挑戰，是需要時間的。

學生們也讓我學到在這些新的學習場域中，同情心是重要的。我從未忘記那一天，有個學生來到教室並告訴我：「我們修妳的課，我們學習從批判的觀點來看這個世界，檢視種族、性別和階級，然後我們再也無法享受生活了」。當我們在檢視階級、種族和性別取向議題時，我看見學生們點頭表示同感。我也發現，在放棄舊的思考與認知方式，並且學習新方法時，的確會有某種程度的痛苦，我對這樣的痛苦抱持敬意。如今，當我教書時，我將這樣的認知納入，換句話說，在我教授新的典範時，我也討論這可能引起的不自在感。白人學生學習以批判的觀點來思考種族和種族主義問題，可能在假日返家時，突然間以不同的眼光看待自己的雙親。他們可能發現落伍的思考方式、種族歧視等等，因新的認知方式

所引起過去所沒有的疏離感，可能對他們產生傷害。通常在學生放假返校後，我會要求他們分享，他們在教室中所學的理念如何影響他們在教室外的生活，讓他們知道大家都有困難的經驗，並且學習整合理論和實際：瞭解身為人的習性下的認知方式，我們試著融合身為人的習性以及理念。在這樣的過程中，我們建立了社群。

儘管我們對於多樣性的關注，以及對於融合的渴求，許多教授仍舊在白人為主的課堂中教學，這樣的課堂通常充滿著表面文章。這也是研究、瞭解與討論「白人性」[7]（whiteness）之所以重要的原因，如此一來，每個人才會認同多元文化主義的重要；同時，不論有色人種是否在場，也會呈現沒有偏見的包容觀點。讓這樣的課堂產生轉化，就如同學著如何在充滿多樣性的課堂中進行有效的教學一樣具有挑戰性。通常，若是教室裡只有一個有色人種，那麼他／她將被其他人客體化，並且被迫擔任「本土報導人」的角色。舉例來說，學生如果研讀一本由韓裔美國人撰寫的小說，白人學生通常會找韓國背景的學生，解釋他們不瞭解的地方。這對那位學生來說，是個不公平的承擔。教授可以在一開始就說明經驗並不會讓一個人成為專家，或者更可以解釋當一個人成為「本土報導人」的意義為何，以避免這樣的情形。但必須說明的是，如果教授也把學生當作「本土報導人」，那麼將無法遏阻這樣的情況。學生時常會來到我的研究室，向我抱怨其他教授的課堂缺乏包容精神。例如，一堂關於美國政治和社會思

---

[7] 譯注：Blackness 意指非裔美國人在多元文化運動下，為恢復並重視自己族群精神所發起的「黑人性」運動，後泛指非裔美籍的種族、文化特質與精神。相對於此，whiteness 在此譯為白人性。

想的課，卻未納入女性的貢獻。當學生向教授抱怨時，教授
要他們建議可以納入的教材，如此一來常給學生製造不公平
的負擔。同時，這樣看起來好像是有人抱怨時，才需要處理
偏見的問題。學生的抱怨越來越多，因為他們希望能有民主
而沒有偏見的博雅教育。

　　多元文化主義迫使教育工作者去正視那些型塑教室中知
識分享方式的狹隘邊界，也讓我們不得不承認我們接受與保
存各種偏見的共謀關係。學生渴望破除這些邊界以獲取知
識，他們願意拋開重新學習的疑慮，並且學習與過去不同的
認知方式。身為教育工作者，當我們讓自己的教學隨著重視
多元文化世界而有根本的改變時，我們才能滿足學生學習的
需要。我們能夠進行意識轉化的教學，創造一個自由表達的
氛圍，而這是真正具解放性的博雅教育不可或缺的。

第四章

Paulo Freire

　　這是以我寫作的身份 bell hooks 與我自己 Gloria Watkins 之間有趣的對話[8]。我想以這種方式來談論 Paulo 及其作品，因爲它給了我一種親密、熟悉感，雖然我並不認爲在這篇文章裡就能辦到。在這裡我發現了一種分享談論關於愉悅、團結的方法。

Watkins：

　　閱讀妳的著作《我不是女人嗎：黑人女性與女性主義》、《女性主義理論：從邊緣到核心》和《回嘴》之後，可以很清楚地發現，身爲一位批判思想家，妳的發展歷程深受 Paulo Freire 作品的影響。妳可以談談何以他的作品如此深刻地觸動妳的生命嗎？

hooks：

　　在我遇到 Paulo Freire 的前幾年，我已經從他的作品中獲益良多，學到以新思惟來看待具有解放性的社會實體。當大學生及教授們閱讀 Freire 的作品時，他們時常

---

[8] 譯注：bell hooks 的本名爲 Gloria Watkins，因此這篇文章實際上是在自問自答。

是以一種窺探的角度來接觸他的作品。當他們閱讀時，他們在他的作品中看見兩種處境，意即 Freire 這位教育家的主體位置（他們對他的興趣時常遠高於對他所談論的觀念或主題），以及他談論到受壓迫的／邊緣化的團體。在這兩種位置的關係當中，他們則是將自己定位成觀察者、旁觀者。當我開始接觸 Freire 的作品時，我也深刻地質疑支配政治、種族歧視、性別歧視、階級剝削的影響，以及發生在美國境內的種族殖民，我深刻地感受到自己認同他論及的那些被邊緣化的農民，或者我的黑人兄弟姊妹們、我在幾內亞比索的同胞。誠如妳所見的，我的經驗來自於生爲南部鄉下的黑人，進入到大學之後，我經歷過廢除種族隔離的抗爭，我處於抗拒中，卻沒有適當的政治語言足以論述這個過程。這些思想家的作品提供了我這一類的語言，而 Paulo 就是其中之一。他讓我深刻地思考身處抗拒之中所建構的認同。Freire 的一句話成爲我的革命口號：「爲了事後成爲主體，我們不能以客體的身份進入抗爭之中。」真的很難找到適當的詞彙來形容這句話。如同一道上鎖的門，我在內心深處努力地尋找鑰匙，這種抗爭使我投身到轉化性的批判思考過程。這種經歷使得 Freire 在我的腦海裡、心裡頭成爲一位具有挑戰性的老師，他的作品更進一步促使我自己對抗殖民化的過程——殖民化的心態。

GW：

在妳的作品中，妳提到一種對去殖民化過程持續的關懷，特別是當它影響到身處美國白人至上文化氛圍中的非裔美國人時。妳是否看見去殖民化過程與 Freire 的「意

識覺醒」之間的關連？（頁 46-47）

bh：

喔，當然。由於在這個白人至上的資本主義父權結構
中，殖民力量是如此強大，因此黑人總是必須保持在投
身去殖民化的過程當中的活力，這個過程對他們的生命
或許是相當重要的，然而事實上並非如此。因此 Freire
的作品中，大家所理解的解放抗爭，總是強調這是轉變
的重要開端；在這個歷史時刻裡，人們開始批判性地思
考在政治情境中的自我與認同。這又是 Freire 作品以及
我的作品當中的一個概念，卻時常被美國的讀者所誤
解。人們常對我說，我似乎主張改變自己個人的思考就
已經足夠了。妳可以看見，他們所使用的「足夠」一詞，
顯示出他們對該問題的態度。它具有一種施捨的意思，
同時顯示出他們並未真心理解到，態度的改變（儘管這
不是任何轉化過程的完成）對於被殖民的／受壓迫的人
來說，具有多麼重大的意義。Freire 必須一再地提醒讀
者，他從未說過意識覺醒本身即是目的，它總是需要由
具意義性的實踐所相伴。Freire 以許多不同的方式闡述
這個論點。我喜歡他說，我們需要在實踐中證明自己在
意識覺醒裡認知的必要性：

> 讓我們強調，人類無法超越具體的情境，他們仰賴意
> 識或意向來發現自我，不管那些意向多麼美好。1964
> 年 4 月政變後被捕的我，雖然有超脫牢房狹隘限制的
> 可能性，也不足以改變我身為囚犯的處境。即便我能
> 想像外面的世界，我仍舊是身處在被剝奪自由的牢房

中。但是另一方面，實踐也不是缺乏意向或定局的盲目行動。它是行動加上反思。男人、女人都是人，因為他們歷史性地構成了實踐的存有，並且在此過程中，他們變得足以改變世界，賦予世界意義。

我想，美國如此多的政治革新運動之所以未能具有持久的影響力，正是因為對於「實踐」缺乏足夠的認識所致。這讓我聯想到 Antonio Faundez 在《學習質疑》(*Learning to Question*) 一書中宣稱：

> 我們從早期在智利對於日常生活的反省中，學習到一件事，那就是抽象的政治、宗教或道德陳述無法在個人的行動中具體的展現。我們是抽象意義上的革命家，而非日常生活的革命家。對我而言重要的是，在我們個人生命中的每一天活出自己肯定的想法。

當革新者彷彿展現出某種天真的道德立場相信，我們的生命應該成為我們政治理念活生生的示範，這樣的想法總是讓我大吃一驚。

GW：

有許多 Freire 的讀者，感受到他作品中的性別歧視語言，即使是受到當代女性主義運動及女性主義批評的挑戰仍然未有改變，這似乎是一種負面的示範。當妳首次閱讀 Freire 的作品時，妳對他語言中的性別歧視有何反應？

bh：

我閱讀 Freire 的作品時，一直意識到他語言中的性別歧

視，以及他建構以男性爲中心的解放典範（就像其他先
進的第三世界政治領袖、知識份子、批判思想家一樣，
例如 Fanon、Memmi 等），在這裡自由及父權主義下的
男性經驗總是被視爲一體或者相同的。對我來說，這是
痛苦的來源之一，因爲它代表了具有深遠洞見的男性視
野出現了盲點。然而我從未想要用對此盲點的批評來掩
蓋任何人（特別是女性主義者）能從這些洞見中學習的
可能性。這正是爲何對我而言，談論 Freire 作品中的性
別歧視是如此地困難；因爲很難找到一種語言既能架構
出批評，同時又能維持對他作品中值得珍視與尊重這部
分的肯定。對我來說，這種二元對立是如此地體現在西
方的思想與語言中，以致於幾乎不太可能提出複雜的回
應。Freire 在他早期作品中的語句已顯示出性別歧視，
儘管如此他的作品仍然深具解放性，並不需要爲他的性
別歧視道歉，Freire 提出的批判教育學模式招致對他作
品中的缺點的批判性質問。但是批判性的質問並不等同
於徹底否定。

GW：

所以妳認爲妳對於 Freire 作品的評價，以及妳致力於女
性主義學術這兩件事並沒有矛盾？

bh：

正是女性主義的思惟賦予我致力於對 Freire 提出建設性
批判的力量（我需要女性主義的思惟，如此一來，我作
爲他作品的年輕讀者，才不至於被動地吸收他呈現出來
的世界觀）。此外，仍有許多其他的觀點，提供我接觸
他的作品，使我能夠體驗其中的價值，並且觸動我內心

深處。在與學界女性主義者（通常是白人女性）對話的過程中，她們覺得因為 Freire 作品中的性別歧視，必須徹底否定或貶抑其價值，我清楚地看見，我們之間不同的回應是受到我們接觸該作品不同觀點的緣故。我以相當飢渴的方式來接觸 Freire 的作品，幾乎將因飢渴而死（那些仍然不確定應該如何改變現狀、渴望受到改變的殖民化、邊緣化的主體，是亟需幫助、餵養的），而我在他的作品（和 Malcolm X、Fanon 等人的作品）中發現到一種解除飢渴的方式。擁有能夠促進個人解放的作品，竟是如此重大的禮物，以致於儘管這個禮物有瑕疵，但瑕不掩瑜。這個作品彷彿是含著污泥的水。由於妳非常飢渴，以致於不會想到要抽取出裡頭的污泥，然後再由水來滋潤。對我而言，這個經驗相當符合第一世界脈絡下，特權人士對待水源使用的方式。當妳擁有特權，居住在世界上最富裕的國家之一，妳可以盡其所能地浪費資源。妳尤其能夠為自己浪費了某種妳視為不潔之物的行為，加以自圓其說。看看這個國家裡頭，大多數人對待水源的方式，即可知曉。許多人購買特殊的水，因為他們認為自來水是不乾淨的，當然這種購買是一種奢侈的行為。即便是我們將自來水視為不潔的這種能力，都是受到帝國主義消費者觀點的影響。這是奢侈的表現，而不僅僅是對水源狀態的反應而已。如果我們從全球的觀點來看待自來水的飲用，我們必然會以相當不同的方式來談論這件事。我們必須思考世界上大多數飢渴的人該怎麼獲取水源。Freire 的作品對我而言，正是生命的泉源。

第四章
Paulo Freire

GW：

妳認爲在什麼程度上，從身爲一位非裔美國人的經驗出
發，使妳與 Freire 的作品產生連結？

bh：

就像我已經說的一樣，在南方鄉村、務農的黑人地區當
中成長，我感到與 Freire 作品中討論的農民生活，以及
與識字的關係緊密地連結在一起。誠如妳所知道的，沒
有任何一本歷史書籍真實地敘說，在充滿種族隔離主義
的南方過活的黑人，遭遇到的日常生活政治是多麼艱
困。在那裡許多人無法閱讀，並且時常需要仰賴帶有種
族主義色彩的人來爲他們解釋、閱讀與寫作。我就身處
在學習那些技術的世代裡，接受當時仍稱得上是新穎的
教育。對於解放黑人的奴隸身份，進而強調教育是必要
的，而這也重塑了我們的生命。因此，Freire 強調教育
即自由的實踐，對我來說實在具有重大的意義。我自少
女時期就已經意識到識字的必要，因此進入大學後，我
仍然保有那些讀給人民聽、爲他們寫作的記憶。我帶著
處於種族隔離學校系統中，那群黑人教師身爲批判教學
者提供我們的解放典範記憶。早年在布克華盛頓與阿塔
克斯黑人學校的解放教育體驗，對我有深遠的影響，使
我一直對於身處在白人爲主的場域中所接受的教育，感
到不滿足。就像 Freire 所言，我在囤積式的教育系統中
遭遇困境，教育並未真實反映我的社會處境，成爲重要
的批判。回到有關女性主義及性別歧視的討論中，我想
要說，我覺得自己被涵蓋在《被壓迫者教育學》這本我
閱讀 Freire 最早的書裡，但是我卻從未感覺自己作爲一

個鄉村黑人的經驗，也被涵蓋在我最初閱讀的女性主義
書籍中，譬如《女性的奧祕》（*The Feminine Mystique*）
和《身為女性》（*Born Female*）這類作品。在美國，我
們很少討論階級如何型塑我們的觀點。由於許多早期的
女性主義書籍反映出某種類型的白人中產階級感情，這
些作品並未深刻地觸動許多黑人女性；這並不是因為我
們不承認女人所共享的經驗，而是因為那些共通性受到
種族及階級政治對我們的現實造成深刻的差異所致。

GW：

妳能談論 Freire 的作品與你的作品發展成女性主義理論
及社會批判之間的關連嗎？

bh：

我不像那些女性主義思想家清楚地區分女性主義教育
學和 Freire 的作品與思想，對我來說，這兩個經驗是合
在一起的。我深入地投身在女性主義教育學裡，我發現
很像編織壁毯一樣，我已經將 Freire 作品的線織進女性
主義教育學的視野裡頭。我相信身為作家及教師的我，
確實體現了這一點。我想再次強調，正是 Freire 的思想
與我少女時期許多黑人教師（她們大多是女性）教學的
交會，對我在教學藝術與實踐的想法，造成深遠的影
響。這些黑人教師認為自己具有解放的任務，用一種讓
我們為有效地抗拒種族主義及白人至上作準備的方式
來教育我們。雖然這些黑人女性並未公開地提倡女性主
義（儘管她們知道這個詞語），事實是，她們堅持優異
的學業及開放的批判性思想，對於年輕的黑人女性來說
是一種反性別歧視的實踐。

第四章
Paulo Freire

GW：

能否更明確地談論妳受到 Freire 影響的作品？

bh：

我寫作《我不是女人嗎：黑人女性與女性主義》時，我只是個大學生（雖然這本書直到幾年以後才出版）。這本書具體展現我如何從客體轉向主體的努力，這也是Paulo 關心的問題。許多女性主義者，儘管不是大多數，都願意承認種族與階級因素對於女性型塑認同造成的影響，但是人們似乎忘記早期的女性主義運動並不歡迎黑人女性對我們主體性思考所做的努力。Freire 的作品（以及許多其他教師的作品）肯定我身為抗拒中的主體，定義自身實體的權利。他的著作提供我將美國種族主義政治置於全球脈絡的途徑，在此我可以看見自己的命運與其他地方正在努力去殖民化、改變社會的被殖民黑人相連結。不只在許多白人中產階級女性主義思想家的作品，更常在 Paulo 的作品中，肯認那些被剝削、遭遇到嚴峻壓迫者的主體位置。這個觀點說明了為何我想要從理解貧窮的黑人女性生命出發。最近幾年，美國的學術體系才開始不從中產階級的觀點來看待黑人的生活，這種激進派的學術指出，黑人、黑人女性的經驗，比起只是分析特權階級的女性，更能說明一般的女性經驗。Freire 的《進展中的教育學：給幾內亞比索共和國的書信》（*Pedagogy in Process: The Letters to Guinea-Bissau*）一書，對我的作品具有重要的意義，原因之一是，它是一個重要的示範。書中說明一個擁有特權的批判性思想家如何與亟待幫助的人共同分享知識與資

源。以下是 Paulo 在某個深具洞見的時刻所說的話：

> 真正的幫助是指所有相關的人互相的幫忙，在共同努
> 力理解他們試圖改變現況的過程中，一起成長。唯有
> 透過這種實踐，助人者與受幫助者同時彼此幫忙，幫
> 助他人的行動才能避免流於助人者宰制受幫助者的
> 扭曲。

在美國社會裡，知識份子，尤其是黑人知識份子，爲了
維持階級權力，常被同化或背叛，因此對於反抗的黑人
知識份子來說，擁有抗爭倫理對他們而言是重要且必要
的，這能說明他們與那些無法接觸特權階級知識的黑人
之間的關係。

GW：

如果妳願意的話，請評論 Freire 接受批判的意願，特別
是來自女性主義思想家的批判。

bh：

在 Paulo 的許多作品中，都展現出寬容的精神，一種我
感覺消失於美國知識圈與學術界開放心胸的特質，連女
性主義學界也不例外。當然 Paulo 似乎隨著年紀漸增，
而顯得更爲開放。我也感受到，隨著年紀增長，我自己
愈是強烈地投身到心胸開放的實踐裡，一種投身於批判
的意願。我想我們愈是深刻地感受到世界上法西斯主
義，甚至是所謂「自由的」學術圈的增長，這提醒我們，
我們的生命、我們的作品都必須成爲一種示範。在過去
幾年裡 Freire 的作品中許多部分都回應了對自己早先作
品的批判。在《學習質疑》一書裡，有他與 Antonio

Faundez 之間針對語言問題以及 Paulo 在幾內亞比索的
作品，交換了許多美好的批判性意見。我從這個示範裡
獲益良多，看見他毫無防衛地在已出版的作品裡，呈現
努力的意志，指明他觀點的缺失、思想上的轉變，以及
新的批判性反省。

GW：

妳親身與 Paulo Freire 的互動感覺如何？

bh：

對我來說，我們的會面算是相當地不可思議，它使我成
為 Paulo 生命中的一位忠實學生及伙伴。就讓我來說說
這段故事吧。幾年前，Paulo 被邀請到聖塔克魯斯大學
（University of Santa Cruz），當時我是這裡的學生及教
師。他來這裡與第三世界的師生一起參與工作坊，並且
發表公開演講。我完全沒有聽聞他即將來訪的消息，即
便許多人知道他的作品對我具有深遠的意義。當我得知
他要來訪的消息，卻被告知工作坊已經額滿了。對此我
提出抗議，他們解釋未邀請我與會，是因為擔心我提出
女性主義的批評，將會妨礙更重要議題的討論。即使最
後因為某人的退出，我得以參與，但我的心情卻相當沉
重，因為我已經感受到，這樣的性別歧視已經試圖控制
我的發聲、控制這場聚會。這當然造成我內心的天人交
戰，因為我真的想要親自質問 Paulo Freire 有關他作品
中的性別偏見。所以我在會議中，以禮貌的態度很快地
提出問題，一些人立即抗議我的提問，並且貶抑這些問
題的重要性；Paulo 緊接著介入，然後說這些是重要的
問題，並且予以回應。在這一刻，我真的很喜愛他，因

為他以實際行動示範了他作品中提及的原則。假使他試圖沉默以對，或者輕視女性主義者的批評，那麼我想情況將完全翻轉。對我而言，說他有「性別偏見」，這樣的回答是不夠的，我想要知道何以他過去未能看見他早期作品中這個部分有待修正、有待回應。他當時回答說，這些議題需要更多公共的討論與寫作，這在他後期作品中明顯可見。

GW：

妳與他親身接觸的經驗是否大於受他作品的影響？

bh：

我的另一位重要老師（即便我們並未會面）是越南的佛教僧侶一行禪師。他在《渡筏非終岸》（*The Raft Is Not the Shore*）書中說道：「偉人隨身帶有某種神聖的氛圍，當我們追尋他們時，我們會感到平靜、愛與勇氣。」這句話幾乎說明了我與 Paulo 的見面情形，我跟他獨自相處了幾個小時，我們在我最喜歡的咖啡廳裡談話、聽音樂、吃冰淇淋。一行禪師的確教導我們，當一個偉大教師出現時，某種氛圍便相伴而生。他說道：

> 當你（教師）到來，並與我們相處一個小時，你便帶來那種氛圍……彷彿你為房間帶來了燭光。燭光在哪裡，哪裡就有你帶來的明亮。當那兒有一位智者，而你坐在他身邊，你便感受到光明與平靜。

見到 Paulo 在實踐中體現他的理論，令我上了意義相當深遠的一課；以一種從未能觸動我的寫作方式影響我，並且賦予我勇氣。身處在大學中做我所做的事情，不是

件容易的事（最近我想這幾乎是不可能的事情了），但
是人們會因為他人的見證而受到激發，因而不畏艱難。
Freire 的出現激勵了我，但這不是說，我沒有在他身上
看見性別歧視，只是說這些矛盾是整個學習過程中的一
部分，是人們要費時地努力去改變的部分。

GW：

就 Freire 對女性主義者批評的回應，妳是否有任何進一
步想要說明的？

bh：

我想，儘管女性主義者對他作品的批評時常是嚴厲的，
但重要的是，Paulo 承認他確實必須在女性主義運動中
扮演某種角色。這在他《學習質疑》一書中有聲明：

> 如果女人是具有批判性的，那麼她們必須接受我們身為
> 男人的貢獻，同樣的，勞工必須接受我們身為知識
> 份子的貢獻，因為參與社會的轉變既是一項義務也是
> 一項權利。因此，如果女性必須對於她們的抗爭負起
> 主要的責任，那麼她們必須明瞭，她們的抗爭也屬於
> 我們，也就是說，屬於那些不願意接受世界上沙文主
> 義（machista）地位的男人。種族主義也是如此，身
> 為一個明顯的白人男性，由於我總是說我不是很確定
> 我的白人性，關鍵就在於我需要知道，是否真的以基
> 進的方式來反對種族主義。若是如此，那麼我就有義
> 務及權利與黑人共同對抗種族主義。

GW：

在妳最近的作品中，不再像早期的書一樣，那樣不停地

提到 Freire，Freire 是否持續影響妳的作品？

bh：

雖然我沒有這麼多地引用 Freire，但他仍然教導我。當我閱讀《學習質問》時，我已經開始對黑人及流亡者做批判性的反省，書中有關流亡者的經驗對我裨益良多，我對這本書感到相當振奮。它具有一種對話的特質，即是 Paulo 在其他作品中提到愛的真實姿態。因此，正是從這本書的閱讀中，我才決定與哲學家 Cornel West[9]進行有意義的對話。我們有 Paulo 所謂的「對話書」（a talking book）──《擘餅》（*Breaking Bread*），當然我最大的希望就是與 Paulo 共同完成這樣的一本書。然後有一段時間，我正在撰寫有關死亡與瀕臨死亡的論文，特別是非裔美國人的瀕臨死亡方式。當我正在為這本書尋找題詞（epigraph）時，意外地發現，來自 Paulo 且與我的世界觀密切呼應的美好篇章，若用南方諺語來說，彷彿是心有靈犀。他寫道：

> 我喜歡活著，強烈地活著。我是那種熱烈喜愛自己生命的人。當然，某一天我將會死，但是我有一種感想，當我死時，我也會強烈地死去。我將以強烈體驗自我的方式死去。因此我將以相當渴望生命的方式死去，

---

[9] 譯注：Cornel West 生於 1953 年，目前任職於普林斯頓大學非裔美國人研究中心以及宗教系，曾投身於 1960 年代的爭民權運動，是美國的知名學者、公共知識份子、哲學家、評論家、牧師。West 以結合政治和道德的洞見及批判聞名，他的作品聚焦在美國社會中種族、性別和階級議題，在非裔美國人教會、實用主義等方面均有卓越的貢獻。

因為這就是我活著的方式。

GW：

是的！我可以聽到妳所說的那些話。還有最後的評論嗎？

bh：

光是那些話似乎不足以說明我從 Paulo 身上學到的。我們的會面非常愉悅，而這種愉悅能夠持續終生；即便妳不再親身與那個人談話，不再與他見面，但你總是能夠在心中回憶起當你們在一起時那種有深刻凝聚感的時刻。

第五章

理論即解放的實踐

　　我內心的痛楚太過強烈，讓我無法繼續活下去，我因為如此痛苦而走向理論；我在絕望之中走向理論，希望理解到底在我身上與周遭發生了什麼事。更重要地，我希望可以遠離痛苦，而我在理論中看到一個療傷的位置。

　　當我還是個孩子的時候，就開始接觸理論。在《理論的重要性》（*The Significance of Theory*）中，Terry Eagleton[10]說道：

> 孩子是最好的理論家，因為他們尚未被教導要把我們的日常社會實踐視為「理所當然」，因此堅持對那些實踐提出最令人難堪的基礎問題，以一種我們大人早已忘記的疑惑來凝視它們。既然他們尚未理解我們的社會實踐是無可避免的，他們也不知道為什麼我們可能用同樣的方式行事。

　　每當幼年的我使用理論干涉、挑戰現況，試圖強迫周遭

---

[10] 譯注：Terence Francis Eagleton，1943 年出生於勞工階層背景，為馬克思主義知名學者、活躍的激進份子，被公認為英國最有影響力的文學評論家之一，著作超過 40 餘本。Eagleton 曾任教於牛津大學、曼徹斯特大學，2008 年 10 月獲聘為蘭開斯特大學英美文學與創作學系主任。

人們用不同的方法做事，用不同的角度看世界時，我總是受到懲罰。我還記得，當我年幼時向母親解釋我爲什麼覺得很少跟我談話的父親不夠資格教訓我、用皮鞭懲罰我時，她認爲我瘋了，並且需要更多的處罰。

如果您願意的話，請想像這對年輕的黑人夫妻最優先的努力，就是去實現父權的規範（那就是男人在外工作，女人在家處理家務與照顧小孩），即使這樣的安排意味著在經濟上，他們將永遠生活在匱乏之中。試著想像對他們來說這是什麼樣子？他們兩人都必須整天辛勤工作、努力維持一個有七個小孩的家庭，然後還得抵擋一個天真的小孩無情的質疑，膽敢挑戰男性權威，反抗他們如此努力去制度化的父權規範。

對他們來說，這一定像是某些怪物以小孩的形體出現在他們之間，一個惡魔般的小東西威脅著破壞他們試圖建立的一切。難怪他們的反應是壓制、控制與懲罰，難怪媽媽會對我生氣、失望地說：「我不知道你是從哪來的，但我非常希望能夠將妳送回去」。

如果你願意，你能想像我童年的痛苦。我並不覺得自己與這些奇怪的人們有真正的關連，這些無法控制、也不想傾聽我的世界觀的家人們。作爲一個小孩，我不瞭解我從哪裡來。這個家庭似乎從來沒有接納或希望我的存在，當我並不積極地尋求與這個家庭群體的歸屬時，我拚命地尋找我歸屬的地方，試圖找到回家的路。

我多麼羨慕 Dorothy 在《綠野仙蹤》（ *The Wizard of Oz* ）裡的旅程，她能夠經歷各種恐懼與夢魘，最終發現「沒有任何地方像家一般」。成長在一個沒有家庭感的童年，我在「理

論化」中發現一個庇護所，能夠解釋外面發生的事情。我發現一個能夠想像可能未來的地方，一個能過著不同生活的地方。這裡住著我批判思考、反省與分析的真實經驗，因為這個我付出的地方能夠解釋傷害並且使它遠離。最終，我從這些經驗中學到，理論是一個療傷的地方。

　　心理分析學者 Alice Miller 在《陷在童年的囚犯》（*Prisoners of Childhood*）一書的導言中提及，正是她個人修復童年創傷奮鬥的經驗，使她重新思考並將關於兒童痛苦與兒童虐待意義的社會與批判思維理論化。在她的成人生活中，經過實踐，她經歷了理論就是療傷地的經驗。很明顯地，她必須想像自己在童年中，從這些觀點重新檢視，去「記起重要訊息，回答那些她尚未在哲學與心理分析研究領域探究的問題」。當我們的真實經驗被理論化，根本地連結到自我修復、集體解放的過程，在理論與實踐之間是沒有隔閡的。的確，這樣的經驗證明了理論與實踐之間的關聯性與互惠過程。

　　理論不是天生具有治療、解放或革命的功能。只有當我們要求它如此作，並且將理論導向這個目的時，它才具有這些功能。當我還是小孩時，我當然無法描述我從事的思維與批判就是「理論化」的過程。然而，正如我在《女性主義理論：從邊陲到核心》書中的建議，擁有名詞術語並不會將過程或實踐轉向存有。同時，個人也可能在不知道或沒有名詞術語的情況下實踐理論化，就像我們可以過著女性主義抗拒般的生活與行動，卻從來沒有使用過「女性主義」一詞。

　　很多人經常恣意地使用某些專門名詞，像是「理論」或「女性主義」，卻不一定是在生活中具有這樣習性的實踐者，他們未必能夠具體地將理論化為實踐行動，或者致力於女性

主義的抗爭。的確,「命名」這個有特權的行為,常常給與優勢者溝通模式的管道,使他們得以對他們的作品與行動提出詮釋、定義及描述;然而這些詮釋、定義及描述並不一定是精確的,可能遮蔽了真正發生的事情。Katie King 的文章〈生產性、理論與文化:同性戀／異性戀重繪當代女性主義〉(Producing Sex, Theory, and Culture: Gay/Straight Re-Mappings in Contemporary Feminism)(收錄於《女性主義衝突》)提供了一個非常有用的討論。關於女性主義理論的學術生產,是在一個階層化的環境中被闡述,讓特別具有高地位、高能見度的白人女性,在沒有認可資料出處的情況下,利用較沒有地位、沒有能見度的女性主義學者的作品。King 討論了作品如何被佔用,以及讀者如何將觀念歸功於較有名的學者／女性主義思想家,即使這些學者已經在作品中舉出這個觀念是奠基於較不知名的出處。King 特別聚焦於墨裔美籍(Chicana)[11]理論家 Chela Sandoval[12]的作品,她說:「Sandoval

---

[11] 譯注:Chicana 和 Chicano 指的是美國西南部橫越墨西哥與美國邊界的 Aztlan 住民。由於墨裔美籍作家常以 Chicana 和 Chicano 自稱,因此 Chicana 和 Chicano 研究指的便是墨裔美籍女性研究,強調邊界的混血,以自身生命經驗發展邊界女性主義,解放美洲第三世界勞工女性的主體意識與身體情慾,對抗主流的白人文化與社會霸權。該研究因其以創新的研究取徑探討性別、族群、性別意識、移民、邊界、社會運動與全球研究,並提倡跨越學科邊界與鼓勵方法的交融運用,故對傳統的知識探究提供了獨特的觀點與方法。

[12] 譯注:Chela Sandoval 現為美國加州大學聖塔芭芭拉分校(University of California, Santa Barbara)墨裔美籍女性研究(Chicana and Chicano Studies Department)的副教授。由於本身即為墨裔美籍女性,因此特別關注該群體受壓迫的狀況,著有《 Methodology of the Oppressed 》一書。

只有些零星且與眾不同的出版，然而在很少人知道她的影響力的時候，她已流通的未出版手稿就已經常被引用或佔用」。

雖然當 King 在言辭上擺出女性主義權威的姿態去裁定 Sandoval 影響力的範圍時，冒了把自己當作照顧者角色的風險，不過她努力想要強調的批判論點是：女性主義理論的生產是複雜的，它並不如我們通常所想的是一種個人的實踐，而是集體努力的參與。呼應女性主義理論家，特別是始終堅持抵抗在女性主義思想內部建構限制性批判界線的有色人種女性，King 鼓勵我們在理論化的過程中，應該擁有更遼闊的觀點。

早期女性主義理論（堅持它在鼓勵和結合女性主義實踐上是最有活力的）在概念化過程中最明顯的乃是造成在學術圈裡女性主義的隔離與制度化，以及書寫女性主義思想／理論的特權高於口語的敘述之上，這些轉變在當代女性主義理論的批判性省思中更爲凸顯。同時，黑人女性與有色人種女性對於挑戰及解構「女人」範疇的努力，堅持批判性地確認性別不是女性建構的唯一決定因素，引發女性主義思想深度的革命以及真正的質問，並且瓦解了以白人爲主的學院女性所生產的掌握霸權的女性主義理論。

在這個分裂的覺醒中，對白人優勢的抨擊，使得白人女性學者與白人男性同儕結盟，共同致力於制訂及發展用來判斷什麼是理論的評鑑標準，予以公式化及強化。這些標準通常導致那些意外地被視爲非理論的，或是不夠理論的作品，遭到佔用或者貶抑。在某些學術圈裡，白人女性主義學者轉向白人男性的批判作品與理論，她們不願意對黑人女性或有色人種女性的批判洞察力和理論貢獻，予以完全地尊重與珍

視，這兩者之間似乎存在著一個直接的關連。

黑人女性或是邊緣的白人女性團體（例如女同性戀者、性激進份子），特別是以親近廣大讀者的手法書寫的作品，通常在學院體制中不具合法性，即使那個作品促使並推展了女性主義實踐。雖然這些作品常常被設定限制性標準的人士所佔用，但也最常被他們宣稱不具真正的理論性。很清楚的，這些人使用理論的方式是工具性的。他們利用理論來為思想建立不必要的、競爭性的階層制度，透過把作品分為低等的、高等的、有價值或沒價值的，再度強化了宰制政治。King 強調，「理論在不同的地方有不同的用途」。很顯然地，理論在學界的眾多用途之一，就是生產了知識階級的階層制度。所謂真正的理論作品是那些高度抽象化、術語化、難以理解，並充滿了模糊參考文獻的作品。在 Childers 與 hook 的文章〈種族與階級的對話〉（A Conversation about Race and Class）（同樣收錄於《女性主義衝突》中），文學評論家 Mary Childers 提及：「只有一小部分人士有可能懂得的理論」，只是眾多理論之一，卻被學界視為批判思想之代表而認可為「理論」，這真是非常諷刺。這個現象在女性主義理論更具諷刺性。而且，很容易想像的，在不同的地方，學術界以外的空間中，這些理論不但會被視為無用，而且是一種政治上的保守；是一種自戀、自我沈溺，試圖創造理論與實踐之間的鴻溝，以便讓階級菁英的統治永存。這個國家有很多環境裡，書寫的文字僅有渺小的能見度意義，沒有識讀能力的人們無法在出版的理論中發現任何作用，無論這個理論是易懂的或是艱深的。因此，任何無法在日常生活對話中被共享的理論，都無法用來教育大眾。

第五章
理論即解放的實踐

　　請想像當學生，而且大部分是女性，進入了婦女研究的課堂中，並且閱讀那些所謂的女性主義理論。然而她們只覺得這些東西毫無意義、無法理解，或是理解了也與教室外的現實生活毫無關連。這個現象將為女性主義運動帶來什麼樣的改變？作為女性主義行動者，我們捫心自問，用來抨擊心靈脆弱的女人們擺脫父權壓迫枷鎖的女性主義理論，究竟有什麼用處？我們捫心自問，在文字上難倒學生，讓她們目光遲滯地留在教室裡，感到受辱、感覺自己彷彿裸身地站在客廳或臥房，而一旁有某個人引導她們走向服從於受辱、剝去她們價值感的互動過程，這種女性主義理論有什麼用處呢？很清楚的，這樣的女性主義理論，可以發揮讓婦女研究與女性學者在統治父權的眼光下合法化的功能，但是卻侵蝕、破壞了女性主義運動。也許正是這些最具有能見度的女性主義理論的存在，迫使我們去討論理論與實踐的差距。因為這些理論的意圖正是在進行分裂、切割、排除與疏離，也因為這個理論持續被用來壓抑、檢查、貶抑其他女性主義理論的聲音，因而我們不能忽略它。儘管理論被利用為宰制的工作，它仍然可能包含了重要的觀念、思想與視角，如果以不同的方式來運用它，將能發揮治癒、解放的功能。然而，我們不能忽略誤用理論對女性主義運動造成的危險。女性主義運動需要理論的支持與引導，女性主義實踐才有可能開展。

　　在女性主義領域裡，許多女性已經對霸權的女性主義理論做出回應，她們並未明確地說回應的方法是揚棄理論，但結果反而是加深了理論與實踐之間的二元對立。因此，她們反而成為自己所反對對象的共謀。她們內化了「理論不是社會實踐」的假設，造成了女性主義圈子裡一種潛在壓迫的階

層主義，在其中，所有具體的行動都被視爲比任何口語的或文字型式的理論來得重要。最近我參加了一個主流黑人女性的聚會，我們討論黑人男性領導者，如 Martin Luther King 以及 Malcolm X 是否應該成爲女性主義批判的對象，這個問題對她們在性別議題的立場提出了難題。整場討論不到兩個小時，快結束的時候，一個一直特別沉默的黑人女性，說她對這些理論與修辭等討論都不感興趣，她更有興趣的是行動，是做些什麼；她對這些討論只感到厭倦。

這個令人熟悉的反應困擾了我。也許在她的日常生活中，她居住在一個和我完全不同的世界。在我生活的世界中，很少有機會與黑人女性和有色人種女性一起嚴肅地辯論種族、性別、階級與性的議題。因此當她指出我們的討論是非常普通的，普通到我們可以省掉這些討論也沒關係的時候，我不知道她是從何而來。我覺得我們正在致力於一個批判性對話的過程，並且將長久以來都是禁忌的東西理論化。所以，從我的觀點來看，我們正在勾勒一段新的旅程，以黑人女性的身份爲自己要求得到一個智識上的領域，得以展開女性主義觀點歷史的集體建構。

我在許多黑人環境中目睹了拋棄知識份子、貶損理論，以及繼續保持沉默的現象。我看到這個沉默是一個共謀的行爲，它使我們一直認爲無須理論也可以致力於革命性的黑人解放與女性奮鬥。就像許多在白人爲主的環境中寫作與教學的反對派黑人知識份子一樣，我很高興加入了一個黑人的群體，我並不想興風作浪，或是因爲不同意這個群體而讓我自己成爲局外人。當知識份子的作品在這樣的環境裡被貶抑，過去的我很少質疑這些既存的假設，或是堅定、狂熱地陳述

知識的過程。我很害怕如果我堅持智識作品或理論化重要性的立場，或是即使我只是陳述它對於立即行動是重要的，我將會冒著被視為高傲，或是在作威作福的風險，因此我常常保持沉默。

這些個人自我感覺上的風險，當考慮到關於我們身為非裔美國人面臨的危機，以及我們對於再度點燃、維持黑人解放奮鬥的火焰的極度渴望時，似乎顯得很老套。在我剛剛提到的聚會中，我不敢發言，不敢對那個認為我們正在浪費時間的說法作出回應；我把我們的話語視為一種行動，我們集體奮鬥，爭取討論性別與族群的議題，是一種具破壞性的實踐。我們身為黑人持續面對的問題，包括低自尊、強烈的虛無主義以及絕望、壓抑的憤怒與暴力，摧毀了我們的身心，已經無法用過去有用的、倖存的策略來對付。我認為我們需要新的理論，根植於想去瞭解我們當前困境的本質，以及透過什麼方式可以讓我們集體抵抗，以改變當前現實的企圖。然而，在努力強調知識的重要性，理論的生產可以是一種解放性的社會實踐時，我不會像我在其他環境中那麼嚴格或無情。並不是害怕言說，我只是不想被認為糟蹋了某種美好的時光、一種黑人民族性中美好的集體感受。而這種憂慮提醒了我，十幾年前如果在女性主義環境中提出理論與實踐的問題會是什麼樣的光景？特別是關於被視為對姊妹情誼及凝聚力具有潛在破壞力的種族與種族歧視議題。

這似乎是十分諷刺的，在一個紀念始終勇於以言說與行動來反抗現狀的 Martin Luther King Jr.集會中，黑人女性仍然否認我們進行反抗的政治對話與辯論，在黑人社群中，這並非常有的現象。為什麼這個場合的黑人女性覺得需要彼此監

督？拒絕給予彼此在黑人的環境中，可以談論理論而不會感到不自在的空間？當我們可以一同紀念勇於站出來的黑人男性批判思想家的力量，為什麼反而存在著一股想要進行壓制的渴望，去壓抑我們可以從反對派黑人女性知識份子／思想家的觀念與觀點中（她們進行的工作必然可以打破這樣的刻板印象：我們相信「真正」的黑人女性總是出自肺腑地說話，並且公正地讚揚具體比抽象好、物質的比理論的好），集體學習的這種觀點？

　　一而再、再而三地，黑人女性發現我們言說、打破沉默並且致力於激進的進步政治辯論的努力遭到反對。在推論上應該受到支持的黑人主流環境裡（像全是黑人女性的空間），有一種關連存在我們經驗到的噤聲、審查、反智主義當中。黑人女性和有色人種女性在組織中被噤聲，只因為我們的作品「不夠理論」，所以被告知我們的言論無法完全被傾聽。在《理論傳播：種族與再現的文化政治》（*Travelling Theory: Cultural Politics of Race and Representation*）中，文化批評家 Kobena Mercer 提醒我們，黑人性是複雜而多面向的，黑人們可以被描述為反動與反民主政治。就像有些菁英學者建構了「黑人性」的理論，他們利用種族的理論來彰顯他們在黑人經驗上的權威，並拒絕理論製造過程的民主管道，使它成為一個只有少數人可以進入的批判領域，威脅了黑人集體的解放奮鬥。而我們之中的一些人，以宣稱所有的理論都是無價值的反智理論予以回應。透過強化理論與實踐間存在著分裂的觀念，或是製造這樣的分裂，這兩個群體都同樣否認了批判意識解放教育的力量，不斷地強化我們集體被剝削與壓迫的情形。

第五章
理論即解放的實踐

　　當我同意出席一個廣播節目，與一群黑人女性與男性討論 Shahrazad Ali 的《黑人男性瞭解黑人女性的指南》(*The Blackman's Guide to Understand the Blackwoman*)，有人提醒我反智主義的危險。我聽著一個接一個的發言者陳述他們對知識著作的蔑視，並且反對任何理論生產的必要性。一位黑人女性強烈地堅持「我們不需要任何理論」。Ali 的書，雖然以平易近人的語言書寫，運用了迷人的黑人方言，仍有它的理論基礎。它根植於父權的理論（例如性別主義者、信仰男性宰制女性是天經地義的本質主義），認為憎惡女性是所有黑人男性對那些想要充分自我實現的女性唯一可能的反應。很多黑人國族主義者會熱切地擁抱批判理論與思想，作為抵抗白人優勢鬥爭的必要武器。但是談到性別問題、分析黑人經驗中非常明顯的性別歧視以及性別主義者的壓迫時，他們突然喪失了對於理論重要性的洞察力。對於 Ali 著作的討論只是許多可能例子的其中之一，說明了對理論的輕蔑與漠視，侵蝕了抵抗壓迫與剝削的集體奮鬥。

　　在革命性的女性主義運動以及黑人解放奮鬥中，我們必須持續地聲明，理論在解放主義的整體架構中是必要的實踐。除了把注意力放在理論如何被誤用之外，我們必須做更多。除了批評學界女性對女性主義理論保守的運用之外，我們必須做更多。我們必須積極地關注創造可以促進女性主義運動之理論的重要性，尤其是探究對抗性別歧視、性別主義壓迫的女性主義抵抗的理論。我們必須頌揚並且珍視可以用口述或是書寫方式分享的理論。

　　反思我的女性主義理論著作，我發現書寫，這種理論化的語言，在它邀請讀者從事批判反思以及女性主義實踐時，

是最有意義的。對我而言，理論是從具體的、從我努力使日常的生活經驗產生意義、從我對於自己與他人生活的批判性介入的努力中產生的。這些努力讓女性主義的轉化成為可能。個人的證據與經驗，是生產解放女性主義理論的肥沃土壤，因為它通常構成了理論製造的基礎。當我們努力解決日常生活中最迫切的議題時（例如我們對於讀寫能力的需要、終止對女性及孩童的暴力、女性健康、生育的權利、性自由等等），我們就從事了讓我們增能的理論化批判過程。我很驚訝我們生產了那麼多的女性主義書寫，卻只有少數的女性主義理論，對女人、男人及孩童講述我們如何透過對話轉向我們的生活到女性主義實踐。我們在哪裡可以找到幫助個體在日常生活中結合女性主義思想與實踐的女性主義理論？舉例而言，什麼樣的女性主義理論，支持生活在性別歧視家庭中的女性，努力帶來女性主義轉變？

我們知道美國已經有許多人以女性主義思想來教育自己以轉變自己的生活。我經常批判以生活方式為基礎的女性主義，因為我害怕任何尋求社會改變的女性主義轉化過程，如果沒有根植於以群眾為基礎的女性主義運動政治的承諾，很容易會被收編。在白人至上的資本主義父權中，我們已經見證了女性主義思想的商品化（正如同我們見證了黑人性的商品化），以某種方式，讓人們可以分享女性主義運動所生產的「善」，而無需支持轉化的政治或實踐。在這種資本主義文化中，女性主義與女性主義理論很快地變成只有特權人士可以負擔的商品。作為女性主義行動者，當我們致力於政治化的革命女性主義運動，並視其為社會轉變的重要議題時，就可以中斷與推翻這種商品化的過程。從這個出發點，我們主動

地想到創造可以對廣大群眾講話的理論。我在其他的著作中
提及，也在許多公共談話以及對話中分享過，我不使用傳統
學術慣用的書寫風格的決定，是一個政治的決定，因為我希
望作品更具包容性，儘可能讓不同領域的讀者接觸。這個決
定導致了正面與負面的結果。許多學院的學生常常抱怨他們
無法在資格考試中將我的著作列在指定閱讀書單中，因為他
們的教授認為我的著作不夠學術。在學術界中創造女性主義
理論或女性主義書寫的我們都知道，著作被認為「不夠學術」
或「不夠理論」，會使個人無法得到應有的認可與報酬。

　　現在，在我的生命中，這些負面的回應跟學院內外對我
的著作壓倒性的正面回應相較之下，似乎不重要了。最近我
收到一批來自被監禁的黑人男性的信件，他們閱讀了我的作
品，和我分享他們正在努力摒棄性別歧視。在其中一封信中，
來信者寫到他已經把我的名字變成「監獄中廣為人知的字」。
這些人談論監禁的批判反思、運用女性主義作品去理解父權
體制如何型塑他們的自我認同，以及他們對男性的看法。在
接受到一位黑人男性對我的作品《渴望：種族、性別與文化
政治》（*Yearning: Race、Gender and Cultural Politics*）有力
的批判回應後，我閉上眼睛，想像這本書在監獄的環境中被
閱讀、研究與談論。既然對我作品的研究最常予以批評回應
的地方是學術界，那麼我與你們分享這個經驗，不是自誇或
是傲慢，而是要證明、讓你們知道，所有想要轉化群體意識、
想要與不同讀者對話的女性主義理論，真的行得通，這並不
是天真的幻想。

　　最近，我談到我的作品以這種方式受到肯定，成為女性
主義理論家的開創性作品中的一份子，跨越虛假界線作為社

會轉變的催化劑，我感到多麼地喜悅。以前，當我的作品被駁回或貶低時，我非常絕望。我想每個從事反對運動的黑人女性或有色人種女性思想家／理論家，都曾感受過這種絕望。肯定的是，Michele Wallace 已經在《黑人男子氣概與女強人的迷思》（*Black Macho and the Myth of the Superwoman*）的再版序言中，深刻地寫到，她已經被她早期作品的負面批評搞得身心俱疲，並且有一陣子無法發聲。

我很感激我能站在這裡證明如果我們堅信女性主義思想必須與所有人分享的信念，無論是透過言說或者書寫，並且盡力去創造理論，我們將能促進人人都渴望參與其中的女性主義運動。無論我在哪裡，我都分享著女性主義思想以及實踐。當被邀請到大學演講，我尋找其他情境，或是回應那些找到我的人，讓我將女性主義的豐富分享給所有人。有時候這些情境會同時出現。例如，有一次在一家南方黑人經營的餐廳中，我與一個來自各個階級的黑人男性與女性所組成的異質性團體坐了幾個小時，討論種族、性別與階級的議題。其中有些人受過大學教育，有些則否。我們對墮胎的議題進行了激烈的討論，討論黑人女性是否應該擁有選擇權。有些以非洲為中心的黑人男性，爭論男性應該與女性擁有相同的選擇權。一位支持女性主義的黑人女性是婦產科主任，她有力地申論了女性的選擇權。

在這個激烈的討論中，有一個黑人女性沉默多時，因為她不確定自己是否能以黑人方言傳達她思想的複雜度（以便讓我們，也就是聽眾們，可以傾聽並瞭解她的發言，而非嘲笑她），最終發聲了。當我正要離開的時候，這位姊妹起身走向我，並緊緊地、堅定地握著我的雙手，為了這場討論而感

謝我。她以分享作爲道謝的開場白，這場討論不僅使她可以
爲以前總是「保留」的自我感覺和觀念發聲，而且透過言說，
她爲自己與伴侶創造了改變思想與行動的空間。當我們面對
面地站著，她握著我的手，直接而熱切地對我說：「在我內心
有這麼多的傷痛」。她感謝我們那天下午的會議，我們對於種
族、性別與性的理論化，緩和了她的痛楚，感覺她的傷痛正
在遠離，內在的療癒正在產生。她握著我的雙手，我們的身
體緊靠、眼睛對望，她讓我同理地分享這個療癒的溫暖。她
希望我能見證、並再次傾聽她說出痛苦的過程，以及當她感
受到痛苦遠離時，所浮現的力量。

　　說出我們的痛苦，並從中進行理論化，並不容易。Patricia
Williams 在她的文章〈On Being the Object of Property〉〔收
錄於《種族與權利的煉金術》（ *The Alchemy of Race and
Right* ）〕寫道，即使是我們之中那些「有意識」的人，都剛
開始要去感覺不同形式的宰制（恐同症、階級剝削、種族歧
視、性別歧視、帝國主義）所引起的痛苦。

> 在生命中的一些時刻，我感覺一部分的我彷彿遺失了。有
> 些日子，讓我覺得如此微不足道，以致於我無法記得它們
> 是一星期中的哪一天；讓我覺得受操縱，以致於無法記住
> 自己的名字；讓我覺得如此失落、生氣，以致於無法對最
> 愛我的人說出平凡的隻字片語。這些時候，當我瞥見店面
> 櫥窗中自己的倒影，我驚訝地看到一個人回視我……在這
> 種時候我必須閉上我的眼睛並且回憶我自己，畫出一個平
> 靜完整的內在圖像。

　　說出我們的痛苦，並從中進行理論化，並不容易。

　　我很感激許多男性與女性，勇於從痛苦與掙扎之中創造理論，勇敢地揭露他／她們的傷口，提供他／她們的經驗去教學與指引，作為型塑理論新里程碑的工具。他／她們的成就是解放性的，不僅讓我們去記憶並且重新找回自己，更重新承諾了更積極、更具包容性的女性主義奮鬥的責任與挑戰。我們仍然需要集體地創造女性主義革命。我也很感激作為女性主義思想家／理論家的我們，集體尋找一個讓女性主義運動得以發生的方式。我們的尋找引導我們回到起始點，回到一個女性或孩子覺得她是孤單的時候，開始女性主義的萌芽、開始為她的實踐命名、開始從她的生活經驗中系統性地闡釋理論。讓我們想像這個女性或孩子正在承受著性別歧視與性別主義壓迫的痛苦，她希望這個傷痛遠離。我很感激我可以成為見證者，證實我們可以創造出女性主義理論、女性主義實踐、革命性的女性主義運動，可以直接與人們內在的痛苦對話，並提供他們治療的言語、策略與理論。我們之中沒有任何人不曾遭受過性別歧視與性別主義壓迫的痛苦，這種男性宰制在日常生活中創造的極端痛苦，這種深層且無情的悲劇與哀傷。

　　Mari Matsuda 告訴我們：「我們被灌輸了在戰爭中沒有痛苦的謊言」，而父權使這些痛苦成為可能。Gatharine Kackinnon 提醒我們「在任何理論尚未成形之前，我們已經在生活中瞭解事物，並且活出這樣的知識。」製造理論是我們眼前的挑戰，因為理論的生產在於我們解放的希望，在於為我們的痛苦命名，讓我們所有痛苦遠離的可能性。如果我們創造女性主義理論、女性主義運動來處理這些痛苦，我們將毫無困難地營造以群眾為基礎的女性主義抗爭。女性主義理論與女性主義實踐將會緊密融合。

第六章

本質主義與經驗

　　黑人女性致力於女性主義運動、書寫女性主義理論，堅持努力去解構「女性」這個範疇，並且主張性別不是女性認同的唯一決定因素。不只是女性主義學者對抗種族與種族主義的質疑，更關注種族與性別交織的新興議題，在在都顯示這些努力已經成功。而常常被忽略的是，對未來的展望不僅聚焦於女性主義學者或行動者關注種族與性別的議題，她們的實踐方法還必須避免重蹈傳統壓迫階層的覆轍。尤其，建立具群眾基礎的女性主義運動是相當重要的，理論的書寫不應該以一種可能逐漸消逝的、排除黑人及有色人種女性，甚至使我們淪為次級地位的方式進行。不幸地，許多女性主義學者使這些希望成為幻影，主要原因在於評論家並沒有好好地質問他們談論的立場；如同現在流行的，特別當女性主義者察覺黑人及有色人種女性時，評論家便認為沒有必要去質問他們所寫的觀點是否源於種族與性別歧視的思考。

　　當我閱讀 Diana Fuss 的《本質言說：女性主義、本質與差異》(*Essentially Speaking: Feminism, Nature and Difference*) 時，特別啟發我對女性主義中種族與性別議題的關注。Fuss 對於當前本質主義爭論的討論，以及對此議題的質疑吸引著

我，我感受到智識上的興奮。她在本書中提供了出色的分析，使評論者能夠細想本質主義的積極可能性，也提供了關於本質主義限制的適切批評。在我的文章中〔收錄於《渴望》一書中的〈基進的黑人主體性之政治〉（The Politics of Radical Black Subjectivity）與〈後現代黑人性〉（Post-Modern Blackness）〕，不像 Fuss 的討論那樣集中在本質主義上。我聚焦在對本質主義的批評方式，認為它已經有效地解構黑人認同與經驗的整體同質性。我也討論關於「主觀性、本質與認同」的整體批評，似乎對邊緣化的群體極具威脅。對這些人來說，為自己的身份正名是挑戰宰制抗爭過程中的一部分，這已變成一種積極的政治抗拒姿態。《本質言說》提供我一個批判架構，以增加我對本質主義的瞭解，但讀到一半我卻開始感到氣餒。

那種情緒始於我閱讀〈被消除的種族？後結構主義非裔美國文學理論〉（Race, under Erasure? Poststructuralist Afro-American Literary Theory），在此 Fuss 對非裔美國文學評論進行徹底的說明，卻沒有提供任何她藉以作出結論的作品。她對於女性主義評論作品的看法尤其雜亂。Fuss 宣稱：「除了 Hazel Carby 與 Hortense Splillers 的近期作品以外，黑人女性主義評論家已經被迫放棄本質主義者的批判立場與人道主義的文學實踐」。我很好奇哪些作品會得到這樣的評價，卻訝異地發現 Fuss 只有引用 Barbara Christian、Joyce Joyce 與 Barbara Smith 的論文。儘管這些人的文學評論都極具價值，但他們不能代表所有的黑人女性主義評論家，特別是文學評論方面。綜合她在一些段落中對黑人女性主義作品的觀點，Fuss 集中於黑人男性文學評論家 Houston Baker 與 Henry

第六章
本質主義與經驗

Louis Gates，很顯著地大量引用了他們的作品。在這個章節中，似乎出現了種族化的性別階級，黑人男性對於「種族」的著作才稱得上深入的研究，勝過黑人女性評論家的作品。

Fuss 對多數黑人女性主義評論家的貶抑，產生了可質疑的問題。由於她並不想要廣泛地檢視黑人女性主義評論家的作品，那麼要掌握支撐她評論的知識基礎就顯得困難。她對於黑人女性評論家的意見，好像附加於一個並未真正開始的批評上，包含這個作品本身。因為她的理由並不明確，我納悶她為何需要將黑人女性評論家引入書中？她為何要用 Spillers 與 Carby 的作品取代其他黑人女性主義評論家的作品？以一個來自西印度群島的英國黑人觀點寫作，Carby 絕不是最先或唯一的黑人女性評論家。正如 Fuss 所建議的，迫使「我們去質問傳統女性主義史料中假定具有普遍化且霸權性的全球姊妹情誼概念的本質主義」。如果對 Fuss 而言，Carby 作品的說服力勝過她所讀過的其他黑人女性主義者（如果她的確廣泛讀過黑人女性主義作品，但她的評論或參考書目中並未提及），那麼她可以堅信自己的賞識而不必去詆毀其他黑人女性主義評論家。這種傲慢的處理方式提醒我，黑人女性在女性主義學術與專業衝突上的表面文章是一種去人性化的形式。黑人女性就好像一盒巧克力，為了滿足白人女性的口腹之慾而展現在她們面前，而她們可以替自己與他人決定哪一塊最美味。

諷刺的是，即使 Fuss 讚揚 Carby 與 Spillers 的作品，她們的作品卻沒有列入該章節的重要延伸閱讀。的確，她視黑人女性的主體性為次要議題。這樣的學術現象在一貫邊緣化黑人女性評論家的脈絡中是被允許的。當代評論作品宣稱以

一種綜合方法處理性別、種族、女性主義與後殖民主義等等議題，但我總是因爲黑人女性作品在參考書目中全然缺席而感到錯愕。當我向同事們提出這種現象，我與其他黑人女性評論家獲得的解釋是：他們只是單純地未察覺這些材料，他們的知識通常來自可獲得的資源。閱讀《本質言說》一書，我假定 Diana Fuss 並不熟悉與日漸增的黑人女性評論家的作品，特別是文學評論，或者她認爲這些作品並不重要而予以排除。明顯地，她以自己所知的作品作爲評鑑的基礎，她的分析來自於自己的經驗。在最後一章，Fuss 特別批評利用課堂經驗作爲擁護真理的基礎，她所指出的許多限制，能夠輕易地在經驗中所能得到的方法中應用；不只是我們書寫的內容，還有我們書寫的方式，以及所作的批判。

這個章節比其他章節更加令人感到混亂，它也破壞了 Fuss 先前對本質主義深具洞察力的討論。正是因爲我對於黑人女性思想家批判作品的經驗，使我得以產生與 Fuss 不同且更加複雜的評價。我對於〈教室中的本質主義〉（Essentialism in the Classroom）這個章節的回應，某種程度上是由於我不同的教育經驗。這章提供我能夠辯證參與的文本，它就像催化劑，澄清我對於教室中本質主義的思維。

根據 Fuss 的看法，「本質、認同與經驗」的議題之所以出現在教室中，主要是由於邊緣團體的批判。在此章節中，每當她提出一個例子：個體使用本質主義立場去控制討論，透過召喚「經驗權威」（authority of experience）使他人噤聲，他們是歷史上社會中受壓迫、被剝削的一群。Fuss 沒有說明在大學與課堂中運作的支配系統，如何禁止來自邊緣化團體的聲音，並且只在經驗要求的基礎上給予他們空間。她並未

提出這個允許維護「經驗權威」的散漫實踐，已經受到種族、性別與階級控制的政治影響。Fuss 沒有積極地提出男性、白人、異性戀優勢群體使本質主義永遠存在。在她的敘事之中，本質主義者永遠是邊緣的「他者」。然而本質主義者排外的政治活動，作爲堅持存在與認同的手段，是一種文化實踐，其產生並不單來自邊緣化的團體。當那些團體在制度化的環境中，運用本質主義當作控制的方法時，他們經常模仿堅稱主體性的範例，而這些是宰制結構中控制機構的一部分。許多男性白人學生確實帶著對經驗權威的堅持進入我的教室，經驗權威使他們覺得自己所說的每一件事都是值得聽取的，他們的想法與經驗應該是課堂討論的重要核心。白人優越父權體制中的種族與性別政治，授予他們這樣的「權威」，而且不用解釋這樣的慾望。他們不在參與課堂時說「我認爲我在智識上比其他同學優越，因爲我是白人、男性，而且我的經驗比其他群體的更加重要」，然而他們的行爲通常宣示這種認同、本質與主體性的思維模式。

　　爲什麼 Fuss 的文章忽略了本質主義微妙且明顯地被特權擠壓的方式？爲什麼她以她和邊緣團體的分析爲主，針對本質主義的濫用作出批評？這麼做使他們成爲擾亂課堂的罪人，並使教室成爲「不安全」的場所。這不就是殖民者討論殖民、壓迫者討論受壓迫最常見的方式嗎？Fuss 宣稱：「問題通常始於課堂，當『知情』（in the know）者只與『知情』者互通訊息，排除並邊緣化那些自覺身處魔法圈外的人」。這樣的觀察無疑地能應用到任何團體，Fuss 運用 Edward Said 的評論來強化她對本質主義危險性的批判。Said 在文本中以固有的「第三世界權威」（Third World authority）觀點合理化

了 Fuss 的論點。Fuss 批判地回應 Said 的觀點:「對 Said 而言,將認同政治放在嚴格的排除理論上,是既危險且容易使人誤解的。『這種排除規定,例如只有女性能夠瞭解女性經驗,只有猶太人能夠瞭解猶太人的痛苦遭遇,只有過去的殖民對象才能瞭解殖民經驗』」。我同意 Said 的批評,但我也要重申,當我批評本質主義與認同政治的運用,作為排除或宰制的策略時,我懷疑當理論要求這種有害的實踐,它暗示只有邊緣團體運用這種策略。我的懷疑源於對於本質主義批判的自覺,只有挑戰邊緣化群體去質疑他們對認同政治的運用,或是以本質主義者的立場作為行使高壓權力的方式,毫無疑問地丟下其他不去進行批判或確認的團體;這些團體以不同方式從事相同策略,且他們被排斥的行為已經透過統治的制度化結構認可。同時,我憂慮認同政治的批評,不該成為一種抑制邊緣群體學生發聲的新潮方式。

Fuss 提出一個論點:「在局內人與局外人之間的人為界線,必然是包容知識而不是散播知識」。當我分享這樣的觀點,我對於她從未承認種族主義、性別主義與階級菁英主義型塑了課堂的結構感到困惑,創造了一個已然決定的局內人對抗局外人的實體,它在任何課堂討論開始之前就已存在。邊緣化群體鮮少需要將這種二元對立帶入教室,因為它早已經運作其中。他們可能僅僅使用它來表現自己的關注。從同情的觀點來看,在部分邊緣化團體學生身上出現的排外本質主義,可以當作是回應宰制與殖民化的策略,一種確實禁止討論的生存策略,正如它解救那些來自對立面的學生。Fuss 主張「課堂中的潛在律則:不要相信那些無法引用經驗作為知識明確基礎的人。這種不成文的律則造成許多對課堂活力

的嚴重威脅，它們在圈內引起懷疑，在圈外產生內疚（有時候是氣憤）」。但 Fuss 並沒有討論是誰訂定這些律則，誰決定課堂的活力。她或許認為自己的權威在某種程度上，不成文地建立了一種競爭的活力，這意味著課堂屬於教授甚於學生，或者屬於某些學生甚於其他。

　　身為教師，我承認來自邊緣群體的學生進入體制內的教室，不管他們討論的是事實（那些我們每一個人可能知道的）還是個人經驗，他們的發言既不被注意，也不受歡迎。我所建構的教學論正是為了回應這樣的現實。如果我不希望看到這些學生使用「經驗權威」作為發聲的方法，我可以運用能夠確認他們的存在與發言權利的教學策略，用多元的方式討論不同的話題，藉此避免可能的權力誤用。這樣的教學策略源自一種假設：「我們都將經驗性的知識帶入教室，而這種知識確實能夠增加學習經驗」。如果經驗已經進入課堂之中，成為一種認知的方式，且與其他認知方式以一種非階層的模式共存，那麼它就比較不會被運用來噤聲。當我在黑人女性作家的導論課程教到 Toni Morrison 的《湛藍之眼》（*The Bluest Eye*）[13]，我指定學生撰寫關於早期種族記憶的自傳式短文，每一個人要對班上大聲宣讀。我們共同聆聽彼此，確認每一個聲音的價值與獨特性。這個活動強調經驗，但並不獨厚任何特殊團體學生的聲音。它有助於創造我們經驗多樣性的共同知覺，並且提供經驗的有限意識，它宣告我們如何思考與表達的方式。因為這個活動使課堂中產生以經驗為重的空

---

[13] 譯注：這是 Toni Morrison 的第一本小說，描述非裔美國人女孩 Pecola 渴望有一雙和芭比娃娃一樣深藍色的眼睛，這樣才會漂亮，人們才會注視她，她的世界也會因此而改變。

間，經驗並非被否定或被視為無意義的。如果這樣的競爭確實發生，學生似乎較少陳述經驗以爭取發言權的傾向。在我們的課堂中，學生並不覺得需要競爭，因為這種權威的特權聲音藉由我們群體性的批判實踐而解構。

在〈教室中的本質主義〉一章中，Fuss將她的討論集中在找出權威特殊聲音。在這裡就是她自己的聲音。當她提出「我們如何『控制』學生？」這個問題，她使用「控制」這個字就呈現了「操控」的圖像。而她使用「我們」暗指一種與其他教授共享且一致的教學實踐意識。在我曾經任教的機構中，普遍的教學模式是威權主義、階級化的，透過強制且經常是支配的方式進行。理所當然地，教授的聲音是最具特權的知識傳遞媒介。通常這些教授在課堂討論中，貶抑個人經驗的價值。Fuss小心翼翼地在「它們還沒有適度地理論化」的基礎上，試著審查課堂中個人歷史的陳述，但她在文章中指出，就基本層面而言，她不相信分享個人經驗對課堂討論是有意義的。如果這樣的偏見型塑她的教學，那麼堅持積極地運用經驗的召喚作為認知的一種特許方法來說，無論是反對她或其他學生，也就不令人意外。如果一位教授的教學不是開放的，那麼學生在教室中可能不會爭取益處或發言。本質主義者的觀點被競爭性地運用，並不意謂採取這種立場將會產生衝突的情境。

Fuss 在課堂中的經驗可能反映出「爭取發言權」是她教學實踐中不可或缺的一部分。她在課堂中對本質主義所做的絕大多數評論與觀察，是建立在她的經驗之上（或許包含她同僚的經驗，雖然這並不明確）。在她的經驗基礎上，她可以自信地宣稱自己「仍然確信訴諸經驗權威，很少促成討論，

卻經常引發混亂」。爲了進一步強調這個觀點，她說：「我總是受到這樣的打擊：將經驗的事實投入課堂討論將會扼殺討論」。Fuss 利用自己的獨特經驗進行整體的普遍化。和她一樣，我能理解本質主義觀點可被用來壓抑聲音或者維護凌駕反抗的權威。但我最常理解或體驗，個人經驗陳述能以深化討論的方式融入課堂之中。當經驗陳述連結到關於事實，或者抽象概念到具體真實的討論時，最令我感到激動。我的課堂經驗可能與 Fuss 的不同，因爲我以一個制度的邊緣化他者發聲，而且我並不打算預設本質主義者的態度。有許多黑人女性教授並不主張這樣的立場。大多數進到我們教室的學生，從未被黑人女性教授教過。我的教學論從這樣的知識中出發，因爲我從經驗中知道陌生可以決定教室發生的事。除此之外，從我身爲一個學生的個人經驗知道，身處白人宰制的組織中，非常容易感受被排斥在外；所以我特別熱切在課堂中建立一種教學過程，能夠使每一個人融入其中。因此本質主義觀點或認同政治的偏見，相近於那些堅持經驗在教室中無用的觀點（兩種態度都會產生壓迫與排他的氣氛），必須藉由教學實踐加以質問。

　　Fuss 並沒有提出建議給那些教師，能夠意識到本質主義觀點多元的管道，可以用來建立一種在一個群體試圖壓制他人意見之前，能夠遏止討論，並予以批判性干預的教學論。尤其那些來自優勢團體的教授們，可能使用本質主義的概念去限制特殊學生的聲音。因此我們必須持續注意我們的教學實踐。每當學生與我分享感受，而我覺得我的教學實踐正在抑制他們的聲音時，我就必須批判性地檢視那個過程。即使 Fuss 不情願地承認，課堂中的經驗陳述可能有一些積極的意

涵，但她的認可是相當屈尊俯就的：

> 雖然真理很明顯地不同於經驗，但不可否認，兩者是相同
> 的想像，激勵了許多不會用其他方式討論的學生，使他們
> 積極地進入那些與自己直接相關的爭論。換句話說，這個
> 經驗權威不單可能使學生噤聲，也可以賦予權能。在謹慎
> 想像經驗可作為所有真理知識的基礎，以及這個想像能激
> 勵學生參與的巨大能量之間，我們要如何拉近兩者之間的
> 差距？

所有的學生，不僅那些來自邊緣化群體的學生，當他們察覺
課堂討論與自己切身相關的時候（非白人學生只有當他們感
覺經由與經驗連結並不是異常的行為時，他們才會在課堂中
談話），似乎更加熱切想要積極加入。學生可能精熟於某一特
別的科目，如果這個科目直接連結於他們的經驗，他們將會
更勇於自信地發言。再者，有一點必須特別注意，某些學生
可能無法感受到一種認知到他們熱情參與的需求，但會透過
討論與個人經驗之間的連結而得到激勵。

在〈教室中的本質主義〉引言中，Fuss 質問「究竟經驗
確切地包含了些什麼？我們應該在教學情境中遵循它嗎？」
用此方式提出這個問題，凸顯了對於經驗必定會造成課堂的
混亂、使教授與學生陷於與權威對抗的評論，而如果教授加
以拖延就能解決這個問題。然而這個問題在某個程度上，可
以不要只是高傲地貶抑經驗而被提出。我們可以問：「想要在
課堂中分享個人經驗的教授與學生們，要如何做而不會引起
本質主義具排斥性的觀點？」通常當教授確認知識的重要
性，學生就不會認為這是一種特權的認知方式。Henry Giroux

第六章
本質主義與經驗

在他討論批判教育學的著作中提到:「經驗這個概念必須放在學習理論之中」。Giroux 主張教授們應該學習尊重學生感受他們經驗的方式,如同他們必須在教室情境中談論自己。「你不能否定學生具有經驗,妳也不能否定這些經驗與學習歷程有關,即使你可能認為這些經驗是有限的、粗糙的、沒有效益的……等等。學生擁有回憶、家庭、宗教、感覺、語言與文化,這些給予他們獨特的聲音。我們可以批判地交融這些經驗,而且可以昇華它,但我們不能否定它」。通常,在學生經驗性的知識被拒絕或否定的脈絡中,因為它的價值與凌駕於其他認知管道的重要性,學生可能更覺得有要讓傾聽者深刻印象的決心。

不同於 Fuss,在我的教室中,學生不曾發現「經驗的認知方式是不可信的」。我教導女性主義理論的課程時,學生對那些不能釐清自身與具體經驗的關係,以及缺乏適當女性主義實踐的作品感到氣憤。學生的挫敗感來自於反抗方法論、分析,與抽象書寫(通常歸咎於題材)的無能,讓作品與他們想要活得更充實、改造社會,以及實踐女性主義政治的努力連結。

為了獲得批判宰制結構的立場,找到能夠賦予對抗目的與意義的位置,認同政治從受壓迫或剝削團體的對抗中產生。解放的批判教育學回應了這些關懷,並且不可避免地欣然接受經驗、告解與見證作為認知的適當方法,同樣重要的,也是任何學習歷程不可或缺的面向。Fuss 懷疑地詢問「壓迫的經驗,是否給予超越談論壓迫的特殊權力?」她沒有回答這個問題。學生在課堂上問我這個問題,我會要求他們思考是否有一種「特殊」知識,必須透過聆聽受壓迫者談論他們

的經驗才能獲得？無論它是犧牲或者反抗，這可能使人想要創造一個允許這種討論的空間。然後我們可能發現人們獲得經驗的方式，特別是對自己未曾經歷過的經驗。當他們談論自己沒有經歷的現實，特別當他們討論到受壓迫團體，我們必須自問要注意哪些道德問題。我的課堂是非常多元的，我曾盡力教導非黑人被剝削群體的題材，我提議如果我只將認知的分析方法帶入課堂，然後其他人帶入個人經驗，那麼我很歡迎這種知識，因為它可以促進我們的學習。此外，我與學生分享我的信念，如果我的知識是有限的，如果其他人能夠引進事實與經驗的結合，那麼我將自謙並尊重地向這些人學習。我能夠如此做並無須考慮教授的威權地位，因為我由衷地相信分析與經驗的結合是一種豐富的認知方式。

幾年前，我很感激能夠在女性主義著述中，發現「經驗的權威」這種說法。因為它指出了我為女性主義課堂帶進了我相信有所價值的一些想法。女性主義課堂中的女性經驗是普遍化的，作為身處其中的一位大學生，我從自己一位黑人女性的經驗知道，黑人女性的實體是被排除的；我從這樣的認知發言，沒有可引用的理論能夠證明這個真理主張。沒有人真正想要傾聽女性的解構作為一種分析類型。堅持自我經驗的價值是獲得被聆聽機會的關鍵。無疑地，瞭解自己經驗的需求，促使我在大學時撰寫《我不是女人嗎：黑人女性與女性主義》這本書。

我現在被「經驗的權威」一詞所困擾，敏銳地感受到它被用來抑制聲音與排斥的方式。但我想要找到一個說法，可以確切地表達那些根源於經驗的認知方式之特殊性。我知道經驗可以作為認知的方式，並且可以瞭解我們如何知道所知

第六章
本質主義與經驗

道的。雖然我反對任何本質主義者以整體、排他的方式建構認同的做法，我並不想放棄經驗的力量，它可作為基本分析或說明理論的觀點。舉例來說，在某些學校，所有討論黑人歷史或文學的課程完全由白人任教時，我深感不安，並不是因為我認為他們無法知道這些事實，而是他們認知這些事實的方式不同。我一直認為，如果我在大學一年級研讀非裔美國人批判思考時，我會選擇受教於一位優秀的黑人教授，而不是優秀的白人女性。雖然我在這位白人女性教授的指導下獲益良多，但我由衷相信我從黑人教授那裡會學得更多，因為他會將經驗與分析的認知方法帶入課堂中，這就是一個特殊的立場，無法從書中獲得，甚至超出觀察以及對特殊實體的研究。對我而言，這個特殊觀點不是從「經驗的權威」產生，而是產生於經驗與回想往事的熱情。

經驗往往透過回憶進入教室。經驗的敘事經常被回顧式地描述。在瓜地馬拉農夫與激進份子 Righberta Menchu 的見證中，我從她的文字感受到回想往事的熱情：

> 我媽媽曾經說在她的一生與生活信仰之中，她試圖告訴女性必須參與，這樣當壓抑伴隨許多苦痛降臨時，不只有男性受苦。女性必須以自己的方式參與對抗。我母親的話告訴他們，女性沒有參與，不會有改變，也不會有勝利。她對此非常清楚，好似她具有各式各樣的理論與許多實踐。

我知道我可以接受這個知識而且傳遞她文字中的訊息。它們的意義可以輕易地傳播，在傳送的過程中可能被遺忘的是組織這些文字的精神，在這些見證背後，那裡有一個活生生的實體。當我使用「經驗的熱情」一詞，它包含許多

情感，特別是苦難，因爲有一種獨特的知識來自於苦難。它是一種經常透過身體傳達它所知道的，並且藉由經驗深刻地描述的認知方式。這種經驗的複雜性，外人很難說明或命名。它處於一個特殊的位置，但並不是唯一，也非永遠是最重要的認知位置。在課堂中，我盡可能地分享批判思考者需要具有多元的立場，說明不同的觀點，以使我們更完整而全面地累積知識。有時候我告訴學生，這就像是一個食譜。我告訴他們想像我們正在烘焙麵包，但我們有所有其他的原料，就是沒有麵粉；忽然，麵粉就變成最重要的原料，雖然只有麵粉也無法進行。藉此，可以思考經驗在教室中的重要性。

　　某一天，我可能要求學生仔細思考我們想要在課堂中做什麼、列舉我們希望知道的事物、什麼可能是最有價值的。我詢問他們什麼觀點是個人經驗，然後很多時刻，當個人經驗阻止我們抵達山頂時，我們就讓它消逝，因爲它太過沉重了。有時候用盡所有真實與懺悔的方法也很難抵達山頂，我們就待在那一同掌握、感受知識的限制，一起企盼、渴望抵達最高點的方式。甚至，這種渴望也是一種認知的方式。

第七章

緊握姊妹的手——
女性主義者的團結

女性主義若想要以運動的形式在任何國家存活下來，就得
站在真實社會變遷的尖端。

——Audre Lorde 的 *A Burst of Light*

我們是歷史與現實的犧牲者，他們在愛的路上放置過多的
阻礙，使我們無法以和平的方式欣賞彼此之間的差異。

——Ama Ata Aidoo 的 *Our Sister Killjoy*

　　父權主義關於種族關係的觀點在傳統上產生這個意象：
把黑人男性取得與白人女性性交自由的私人關係，視為爭取
種族平等的公共奮鬥，與種族親密性之私有政治相連結的最
佳例子。種族主義者卻擔心，社會上認可黑人男性與白人女
性之間的浪漫關係，將會拆解具有禁忌意涵的白人父權家庭
結構，即便是個人選擇跨越這樣的界限。但是，黑人男性與

白人女性之間所建立的性關係，即便是透過婚姻制度而被法律所認可，實際上並未具有令人感到恐懼的影響力，因爲它並未在根本上威脅白人的父權體制。它並未助長終結種族主義的抗爭。讓異性戀的性經驗──特別是黑人男性獲得接近白人女性身體機會的議題──這是種族解放的經典表現，將人們的注意力從白人與黑人女性之間社會關係的重要性，以及這種接觸決定與影響種族關係的方式上，轉移開來。

在 60 年代晚期，我還是一位居住在種族隔離的南方城鎮少女，我曉得，想要與白人女性建立親密關係的黑人男性，以及想要與黑人男性建立親密關係的白人女性，他們之間確實產生了連結。然而，我卻沒有聽說過黑人女性與白人女性之間產生的親密關係、深刻的親密感以及友誼。儘管這從未被討論過，但在日常生活中，卻存在明顯的阻礙，將這兩個團體區隔開來，使得雙方的親密友誼變得不可能。黑人女性與白人女性之間的接觸，是屬於僕人─主人（servant-served）的關係，一種階級性的、以權力爲基礎的關係。

在過去，沒有能力雇用黑人女僕的貧窮白人女性，在與黑人女性相遇時，仍然以宰制性的姿態出現，藉此確保白人女性高於黑人女性的地位。這種僕人與主人的關係存在於私領域與家庭裡，這個她們都熟悉又共享的脈絡裡（白人與黑人女性共同認爲「女性的角色就是照顧家庭」）。由於她們在性別規範上有相同立場，她們謹慎地相處，以強化兩個團體基於種族的不同而存在的地位差異。白人女性體認到階級差異尚不足以作爲劃分的依據，因而想要讓她們的種族地位受到確認。她們藉由微妙但公開的策略來強化種族差異，進而宣稱她們的優越地位。這在家裡尤其明顯，白人女性白天時

待在家裡，而黑人女傭則努力地工作。白人女性可能談論「黑鬼」，或者上演以種族爲焦點的儀式性情節，目的在強調地位的差異。即便是一個小小的動作——例如向黑人女傭炫耀一件基於種族隔離法（Jim Crow laws）[14]的關係，而使得她無法在店內試穿的新衣服，不斷提醒她們基於種族原因所造成的地位差異。

歷史上，白人女性爲了維持其種族宰制所做的一切努力，與白人優勢父權結構下的異性戀政治有直接的關係。基於性別而將白人女性視爲次等的性別規範，受到種族關係的介入。不論白人或黑人，男性可能最關心的是如何接近白人女性的身體，但是白人女性所經歷到的社會事實卻是：白人男性確實積極地投入與黑人女性的性關係中。儘管白人男性與黑人女性的性關係絕大多數是以侵犯性的脅迫、強暴、其他的性攻擊形式出現，但是對於多數的白人女性而言，這似乎是不重要的，因爲白人女性將黑人女性視爲她們在性愛市場上的競爭對手。白人女性的地位主要由她與白人男性之間的關係所決定的，在這個文化背景下，難怪白人女性想要明確劃分她與黑人女性的地位。與黑人女性保持距離，透過法律或社會輿論的強化，禁止兩個團體之間建立合法關係，是相當重要的（在罕見的案例中，蓄奴的白人男性爲合法化他

---

14 譯注：Jim Crow laws 雖然不是美國的聯邦法律，而爲地方性質的法律條文，但是在 1876 到 1964 年間美國有相當多的州實施此法律，強行推動「種族隔離」，尤其對待非裔美國人更是嚴厲。日常生活中任何場所（包含學校、巴士、餐廳等），皆一律「黑白分明」。直到 1954 年布朗法案（Brown vs. Board of Education），學校種族隔離的情況才不復見。1964 年民權法案（Civil Rights Act）才將 Jim Crow laws 其他的法律條文廢除。

們與黑人女僕的關係，而尋求離婚，這些人常被視為精神錯亂）。在白人至上的父權制度下，最具威脅性而足以破壞、挑戰、拆解白人權力所相伴而生的社會秩序，就是白人男性與黑人女性之間的合法結合。奴隸的證詞、南方白人女性的日記在在記錄了白人女主人與黑人女僕之間相互嫉妒、較量與性關係競爭的事件。法院記錄記載著白人男性設法讓公眾承認他們與黑人女性的關係，包含透過結婚，或是在遺囑中留下財產與金錢的方式。這類案例大多數都會遭到白人家庭成員的爭論。重要的是，白人女性為了保護她們在父權文化下脆弱的社會地位與權力，總是宣稱她們比黑人女性優越。她們不一定會防止白人男性與黑人女性發生性關係，因為這不在她們的權力範圍之內──這是父權制度的特性。只要黑人女性與白人男性的性關係是發生在非法的情境，在屈從、強迫、貶抑的架構下，就可以維持住白人女性身處「淑女」地位而黑人女性代表「妓女」的區隔。因此某種程度上而言，白人女性的階級與種族特權因黑人女性成為白人男性在性愛方面征服與虐待的對象而強化。

當代關於白人與黑人女性的歷史關係之討論，必須將黑人女僕對白人女性所感受到的痛楚包含在內。她們對於種族壓迫而產生的壓抑性憤怒，是可以理解的，她們特別對於白人女性缺乏同情心感到憤恨不平，尤當對黑人女性施以性虐待、生理暴力時，或者當黑人小孩被帶離他們的奴隸母親身邊時。再次強調，就是在這個女性具有共同關懷的情境下（白人女性瞭解性虐待及生理虐待的恐怖，以及母親對孩子的依附），大多數可能體驗到同理心認同的白人女性竟對黑人女性的痛苦視而不見。

　　對於女性經驗的共同理解，並未調解大多數白人女主人及黑人女僕間的關係。雖然有極少數的例外，但是它們對於黑人與白人女性關係的整體結構只發揮極小的影響力。儘管黑人女僕受到殘酷的壓迫，許多白人女性仍然對她們心存恐懼。她們可能相信黑人女性想要與她們換位置，以取得她們的社會地位，嫁給她們的男人。她們感到恐懼的是（基於白人男性對黑人女性的著迷），若非法律及社會禁忌禁止這種合法關係，她們將會喪失自己的地位。

　　奴隸制的廢止對於白人及黑人女性之間的關係，並未產生很大的正面意義。奴隸制這個將白人與黑人女性的不同地位予以體制化的結構消失以後，白人女性所關心的是，社會禁忌是否宣揚她們的種族優越性，並且禁止種族之間的合法關係。它們強化了對於黑人女性的貶抑性刻板印象，包括淫蕩的、不道德的、性淫亂的、愚笨的說法。白人女性在家務上與黑人女性有密切接觸，她們知道我們實際上像什麼。雖然從 20 世紀早期開始，有極為少數的出版資料記載白人女性對黑人女性的想法，以及黑人女性對白人女性的想法，但是種族隔離卻降低這兩個團體在主僕這個領域外，發展出新的接觸的可能性。居住在種族隔離的社區，白人與黑人女性極少有機會可以在一般的、中立的場所彼此認識。

　　黑人女性從種族隔離的社區遷徙到「不安全的」白人區域，並在白人家庭中工作，這和過去奴隸體制下的情形不同，不再擁有雖然脆弱但是明確、熟悉的家庭關係。這個新的社會關係在非人性化脈絡中建立，就像人造家庭一樣，唯一的慰藉是：黑人女性可以回家。在奴隸制的社會情境下，白人女主人有時候被情境、關懷他人的感受、對財產的關心所迫，

而進入黑人女性所居住的地方，因而產生到超出主僕關係之外的經驗認知。但這樣的經驗卻不會發生在種族隔離時代的白人女雇主身上。

種族隔離的社區（通常是都市與鄉村地區）代表黑人女性必須離開貧困的社區，而為享有特權的白人家庭工作。這個情形極少或根本沒有機會促進或鼓勵這兩個團體建立起友誼。白人女性依然視黑人女性為性愛方面的競爭對手，以致於忽略白人男性對黑人女性的性攻擊或虐待。儘管白人女性已經寫下她們與黑人女僕之間情感連結的深刻記憶，但是，白人女性時常未能承認這種親密與關懷是與宰制共存的。對於將黑人女僕視為「就像家庭一員」的白人女性而言，她們實在難以瞭解僕人對於她們之間的關係有一種全然不同的理解。僕人可能留意到，情感或關懷並無法改變她們地位上的差異──或者白人女性運用權力的事實，不論她是仁慈地或暴力地施展權力。

當前許多由白人女性所做的學術研究，聚焦在黑人女僕與白人女雇主之間的關係，她們強調積極面向的觀點，而模糊了負面的互動已經造成兩個團體之間的不信任與敵意。白人女性所訪談的黑人女僕提及她們與白人女雇主的關係具有許多正向的面向。她們說她們感受到的是一種客氣且正確的現實，但這卻壓抑了實情。需要記住的是，剝削的情境也可能是關懷與宰制連結的處境（女性主義者應該從下列證據中得知這一點：關懷存在於男人虐待女人的異性戀關係中）。我聆聽 Susan Tucker 在一場演講上討論她的書籍《敘說南方女性的記憶：種族隔離的南方幫傭與雇主》（*Telling Memories Among Southern Women: Domestic Workers Employers in the*

Segregated South），我很訝異她願意承認身為一位被黑人女性照顧的白人小孩，她記得無意間聽到她們表達對白人女性的負面感受。她們憤怒、充滿敵意、輕視的表達使她感到震驚。我們兩人都記得黑人女性的一種普遍說法：「我從未在 12 歲以後遇到一位令我尊重的白人女性。」相較於她的記憶，Tucker 現在的討論對該一主題刻畫出更為正面的圖像。有關黑人與白人女性關係的研究，不能只是聚焦在黑人奴僕與白人雇主間的互動是否是「正面的」。如果我們想要理解現今的關係，我們必須探究的是黑人女性對整體白人女性知覺所造成的影響。我們這些從未受白人女性奴役的人，從我們的親戚那裡獲得對於她們的觀感，而這些觀感會型塑我們的期待與互動。

我的記憶及當前的認知（植基於與我母親的對話，她曾經擔任白人女性的女僕，以及我們社區中黑人女性的評論與故事）指出，在「安全的」環境中，黑人女性強調為白人女性工作的負面面向。她們表達出強烈的憤怒、敵意、痛苦與嫉妒──極少的情感或關懷──即便是當她們很正面地說這些事的時候。這些女性當中有許多人認為她們的工作具有剝削性質，屈服於各種不必要的羞辱及鄙視。即便是黑人女性對其白人雇主具有好感的情況下，前述的狀況依然是最明顯的特徵〔Judith Rollins 的書《女人之間》（*Between Women*）對於這些關係提出深具洞見的討論〕。

不論在與黑人僕人或非專業的黑人女性談話時，我發現她們對白人女性的觀感大都是負面的。許多在白人家庭裡幫傭的黑人女性，特別是當白人女性的收入不高時，她們覺得白人女性擺出天真、無知且不負責任的自我中心姿態，犧牲

黑人女性。白人女性可以爲了職業生涯或休閒拋棄照顧小孩與家事的責任，而這些勞務就由黑人女性或其他低階團體來承擔，這些人被經濟情境所迫，不得不勉爲其難地承擔起責任。

我發現，很諷刺的是，黑人女性時常從非女性主義的觀點來批評白人女性，強調白人女性不值得被崇拜，因爲她們是沒出息的、懶散的、不負責任的。一些黑人女性似乎對於她們的工作被白人女性所「監督」而感到憤怒，她們覺得這些白人女性無法勝任她們的工作。在白人家庭擔任僕人的黑人女性所處的位置，就類似於設法瞭解不同文化的人類學家的立場一樣。從局內人的有利觀點，黑人女性得知白人的生活風格。她們觀察到白人家庭的細節，從家具布置到個人的遭遇。她們透過心中暗記的方式，對於她們目睹的生活品質做判斷，將它與黑人經驗做比較。在種族隔離的黑人社群內，她們分享著對於白人「他者」的觀感。當她們描述白人女性時，她們的說法大多是負面的，她們比起白人男性更能持續地研究這些白人女性，因爲白人男性不一定總是在場。如果種族主義的白人世界，將黑人女性再現爲放蕩的女子，那麼黑人女性就會檢視白人女性的行爲，看看她們的性習慣是否有所不同，她們的觀察時常與刻板印象產生矛盾。整體而言，黑人女性與白人女性已經脫離主僕的關係，她們深信這兩個團體具有極大的差異，沒有共享的日常語言。這種對於白人女性的態度與反思，代代相傳下去，而使得距離感、隔離感、懷疑感與不信任持續下去。白人與黑人之間跨種族的關係更加普遍，黑人女性將白人女性視爲性愛方面的競爭對手──不論她們的性偏好爲何──不論她們在工作場合有多麼親

密，她們卻時常提議在私領域中，繼續保持隔離。

　　當代有關黑人女性與白人女性關係的討論（不論是學術的或個人層面的），極少發生在沒有種族隔離的環境中。白人女性在學術性或自白性的作品中，書寫她們與黑人女性之關係，時常忽略兩個團體之間深藏的敵意，或者把它視爲只是黑人女性的問題。在女性主義學術圈裡，我多次聽到白人女性談論某個黑人女性對白人女性的敵意，彷彿這種感受不是植基於歷史關係及當代的互動中。她們不是探討這些敵意存在的原因，或者賦予它作爲對於宰制或剝削的適當回應之正當性，反而將黑人女性視爲是難以處理的、有問題的、不理性的、「瘋狂的」。直到白人女性可以面對她們對黑人女性（反之亦然）的恐懼與恨意，直到我們可以承認型塑我們當代互動的負面歷史，這兩個團體之間才可能有誠實的、有意義的對話。當代女性主義者召喚姊妹情誼，激進的白人女性邀請黑人女性及所有有色人種的女性加入女性主義運動，被許多黑人女性視爲不過是白人女性否認種族宰制的現實，共謀對黑人女性及黑人進行剝削與壓迫的另一種表達而已。雖然對姊妹情誼的需求是想要改變現實情境，表達白人女性渴望創造出連結的新脈絡，但是卻沒有人試圖去承認歷史，以及那些可能使得這種連結顯得困難的阻礙。當黑人女性呼籲人們留心種族宰制的過去，以及它在女性主義理論及運動中的表徵，來回應建立在共享經驗上的姊妹情誼的召喚時，白人女性一開始抗拒這樣的分析。她們採取一種天真的、否認的姿態（這個回應喚起黑人女性對於僕人—主人負面關係的回憶）。儘管 Adrienne Rich 的分析有缺點與矛盾，但她的論文〈背叛文明：女性主義、種族主義與恐怖婦女症〉（Disloyal to

Civilization: Feminism, Racism, and Gynephobia）卻具有重要的意義，因為它破壞了否認的城牆，強調種族議題及應負的責任。白人女性願意「聆聽」另一個白人女性談論種族主義，她們卻不願意聆聽黑人女性的談話，這阻礙了女性主義的進展。

諷刺的是，許多積極參與女性主義運動的黑人女性，以衷心嘗試要創造一種包容性的運動之方式來談論種族主義，她們期盼這個運動能將白人及黑人女性團結起來。我們相信，一旦缺乏激進的對抗，欠缺對白人女性的種族主義以及黑人女性的相應回應，進行女性主義式的探索與討論，那麼，真正的姊妹情誼將不會出現。我們對於光榮的姊妹情誼的渴望時常遭到忽視，只有當所有的女性都願意去面對我們的歷史時，這種姊妹情誼才會出現。多數的白人女性以我們「過度生氣」而打發我們，她們拒絕對於我們所提出的議題做批判性的反省。等到積極參與女性主義運動的白人女性願意承認種族主義、她們應負的責任，以及種族主義對於白人女性與有色人種女性關係的影響時，許多黑人女性已經是身心交瘁、精疲力盡了。我們感覺遭到背叛，白人女性並未實現她們對於姊妹情誼的承諾。那種背叛感一直存在，並且因營造姊妹情誼的興趣明顯褪去而增強，即使現在白人女性已顯示出對種族議題的興趣。有時候，學界的白人女性主義者雖然佔據關於種族及種族主義議題的討論，但她們卻放棄了建構姊妹情誼空間的努力，在此空間裡，她們可以檢視並轉變對於黑人女性及所有有色人種女性的態度與行為。

隨著女性主義理論之建構，以及知識傳播等工作日趨體制化與專業化，白人女性取得權力地位，使其能夠在不同的

環境脈絡中，再製主僕關係的典範。現在黑人女性被放置在
服務那些想要更加瞭解種族及種族主義的白人女性的位置
上，協助她們「專精」這項主題。令人好奇的是，大多數專
注於「差異」、「多樣性」主題上，進行女性主義理論寫作的
白人女性，並未讓白人女性的生活、作品、經驗成爲她們分
析「種族」的主題，她們反而是聚焦在黑人女性或有色人種
的女性身上。有些白人女性尚未清楚掌握「白人性」在其生
命中的意義、白人性在文學中的再現，以及型塑她們社會地
位的白人至上觀點，現在正在探究黑人性，她們並未批判地
質疑自己的作品是否出自於一種有意識的、反種族主義的立
場。她們利用昔日視爲不相干的黑人女性的作品，在學術界
中再製主僕關係的典範。她們以有關種族的新知識以及說出
她們的作品來自於白人觀點（通常並未再詳加解釋它的意涵）
來武裝自己，她們忘記了，以種族與種族主義作爲焦點，是
出於想要鍛造不同種族與階級團體的女性之間有意義的連結
之具體政治努力。但是，這種努力時常被忽略。白人女性對
於被廣泛接受的表象（她們討論種族的文本，被視爲方向已
有徹底轉變的證據）感到自滿，卻忽略了黑人女性的聲音不
論是在新的女性主義理論的建構中，抑或女性主義的集會
中，都相對缺席了。

　　在與女性團體談論有關她們是否認爲女性主義運動對
於白人及黑人女性的關係具有轉變效果時，我聽到截然不同
的回應。大多數白人女性明顯感受到改變，她們對於種族及
種族主義更有意識，更願意擔負起應負的責任，投身於反種
族主義的工作中。黑人女性及有色人種的女性則認爲，儘管
近來白人女性對種族及種族主義之宰制相當關心，但是實質

的改變卻是很少的。她們覺得大多數的白人女性仍然在施展權力，即使是在處理種族議題時也是如此。誠如一位黑人女性所言：「白人女性為了學術認可、升遷、賺取更多的錢，從事有關種族議題的『偉大』研究，但卻視我們如糞土，真令人憤怒。」一些黑人女性則指出，由於擔心她們的資源會被白人女性所挪用，所以她們盡量避免參與女性主義運動。

對於資源會被挪用的恐懼及憤怒，以及不想再製主僕關係的擔憂，導致黑人女性從女性主義場合中撤退，因為在女性主義的場合中，我們必須與白人女性有大量的接觸。然而撤退卻使得問題更加嚴重：它使我們以不同的方式來共謀。如果一份刊物正在做黑人女性研究的專題，而只有白人女性投稿，那麼黑人女性就無法有效地挑戰她們對女性主義理論的霸權觀點。當然，這只是一個例子而已。在書寫的作品及口頭陳述中，一旦缺乏我們的聲音，就無法清楚地呈現我們的關懷。我們有關種族、女性主義以及其他女性主義面向的書籍，能夠提供新取徑與新理解的作品在哪裡？為了促進較為包容性的女性主義理論與實踐的發展，我們能做些什麼？為女性主義運動的未來方向做規劃，我們的角色是什麼？不管如何，答案絕對不是撤退。

即便在實際上，每位參與女性主義運動的黑人女性，都擁有一長串記載著個別的白人女性的麻木不仁、種族主義式侵犯的恐怖故事，我們仍然可以證實那些正面的相處經驗，當然這些經驗極少。它們通常發生在尚未處於有能力施展權力位置的白人女性身上（這或許可以說明，為何這些被視為例外，而非作為說明成長、改變、更多團結一致的正面標誌）。我們或許需要檢視佔據強而有力位置的白人女性（以及所有女性），在

多大程度上仰賴傳統的宰制典範來強化並維持其權力。

　　我與黑人女性及有色人種的女性進行對話，目的在瞭解究竟是什麼因素，使得我們與白人女性主義者的關係不被我們視作是剝削性的或壓抑性的。通常的回應指出，這些關係具有兩項重要的因素：有關種族的誠實面對與對話，以及互惠性的互動。在主僕關係的典範中，通常是白人女性試圖從黑人女性那兒接受某些東西，即便這個東西可能是有關種族主義的知識。當我詢問在女性主義情境下與黑人女性建立起友誼及正面工作關係的白人女性，什麼條件促成彼此間的互惠時，她們強調她們並未依賴黑人女性來強迫自己面對種族主義。從某種角度而言，承擔起檢視自身對於種族的責任，這是在平等基礎之上建立關係的前提。這些女性覺得她們帶著種族主義的知識來接近有色人種的女性，而非帶著罪惡、羞恥或恐懼。一位白人女性說道，她從接受並承認「白人總是具有種族中心主義的，而這是我們必須面對處理的」的立場出發。「預備好處理種族中心主義，使得白人女性與非白人女性建立關係變得比較容易。」她指出，白人女性能夠接受種族主義壓迫這項事實的程度──白人女性共謀、白人女性在種族主義結構中所接收的特權──決定了她們能夠以同理心來對待有色人種女性的程度。在對話中，我發現非特權背景的白人女性主義者，時常感受到她們對於階級差異的理解，使她們更容易聆聽有色人種女性關於種族與宰制的影響之談話，而沒有感到被威脅。就我個人而言，我發現和我有深刻情誼以及女性主義連結的白人女性，都是來自勞動階級背景或本身就是勞動階級，她們瞭解貧窮及剝奪的影響。

　　我與一群白人女性同事（她們全是英文系教授）談論有

關這篇論文的寫作，她們都能理解享有特權的白人女性對於黑人女性所感受到的恐懼。我們全都記得 Lillian Hellman 有關她及受雇於她多年的黑人女僕關係之坦率評論。Hellman 感覺這個女人真的對她發揮極大的權力，這讓她對所有的黑人女性感到恐懼。我們認為許多白人女性恐懼的是被黑人女性揭穿面具。一位來自勞動階級背景的白人女性指出，黑人女僕目睹白人女性言行不一的落差，看見矛盾與毛病。或許當代沒有黑人僕人的白人女性世代，並未從她們的女性祖先那兒繼承，對於黑人女性有能力看穿她們的偽裝以及被揭穿的恐懼。雖然目前所討論的大多數白人女性，並未與黑人女性建立親密的友誼，但她們歡迎與她們更親密接觸的機會。黑人女性時常不回應白人女性的友好表示，因為她們害怕遭受背叛，害怕白人女性在某個未知的時刻會施展權力。黑人女性對背叛的恐懼與白人女性對揭穿的恐懼緊密連結，所以，我們需要女性主義心理分析作品來檢視這些感受，以及她們所產生的關係動力學。

當白人女性藉其行動，顯示出她正投身於反對種族主義的工作時，黑人女性害怕遭背叛的感受通常就不會出現。舉例而言，我曾經應徵一項白人女性學院中的婦女研究學程的工作，審查我的申請案的委員會成員全都是白人。在審查過程中，一位委員感覺種族主義正在影響整個討論的性質與方向，她決定採取行動。她主動聯絡一位黑人女性積極平權措施（affirmative action）[15]的成員，讓非白人參與委員會。正

---

[15] 譯注：affirmative action 也有人譯為積極性差別待遇，係指在美國以努力改善婦女或少數族群的就業或教育機會的一種積極性平權措施。

是因爲她對女性主義及反種族主義活動的投入，因而影響了
她的行動。即便沒有私人的利益可圖，她仍然竭盡所能地投
入（機會主義阻止許多學術界的女性主義者採取會強迫她們
反抗既有地位並採取立場的行動）。對我而言，她的行動更加
肯定了團結一致與姊妹情誼的力量。爲了挑戰現狀，她必須
將自己與團體的權力與特權分開。她所分享最具啓發性的洞
見是：她原先不相信白人女性主義者竟是如此厚顏無恥的種
族主義者，這些人假定團體中的每個人都共享「白人性」，而
且認爲在全是白人的團體中，以種族刻板印象的方式來談論
黑人，是沒有關係的。當整個過程結束後（我獲得這項工作），
我們談論到，她覺得她所目睹的正是白人女性面對黑人女性
展現權力時，產生的恐懼感，她們擔心自己的權威會因而削
弱。我們另外談到，許多白人女性對於痛苦的或亟待幫助的
黑人女性，會感到較爲安心自在。白人女性主義者透過下面
的假定，來顯示自己高人一等，那就是：如果我們不是「激
進的」，如果我們從事性別的工作但不具有女性主義的觀點，
那麼這是可以被理解的。這種高傲的態度更加離間了黑人女
性與白人女性，這便是種族主義的表現方式。

現在許多投身於女性主義思想與實踐的白人女性，不再
否認種族對於性別認同建構的影響力，也不再否認種族宰制
的壓迫面向與白人女性之間的共謀，現在該是探索禁止與黑
人女性建立有意義連結的恐懼時刻了。對我們而言，現在正
是創造新的互動模式的時刻，這是將我們帶離主僕關係，導
向促進尊重與和解的存有方式。同時，黑人女性也需要探討
我們對白人女性感到憤怒、敵意的集體情感。對我們而言，
或許擁有一些可讓我們公開表達遭受壓抑的憤怒與敵意的空

間是必要的，藉此我們可以追溯它的根源，進而理解它，並且檢視將內化的憤怒轉化成具建設性的、肯定自我能量的可能性；我們可以運用它，進而抗拒白人女性的宰制，並建造與白人女性同盟的有意義連結。唯有當我們的視野是清晰的，我們才能夠區分真誠的團結與植基於錯誤信仰的行動。一些黑人女性對白人女性的憤怒很可能掩蓋了她的悲傷與痛苦，結果導致她們難以接近、牢記自身的劣勢。就此而言，抹去一些傷痛或許能夠讓黑人女性開創出沒有恐懼或責難，而勇敢接觸白人女性的空間。

如果黑人及白人女性持續表達她們的恐懼與憤怒，而未從這些情緒中超脫出來，以探索新的交往基礎，那麼，我們致力於建造包容性的女性主義運動的一切努力，終將失敗。這主要取決於我們投身於女性主義過程及運動的力量而定。差異伴隨著痛苦、憤怒與敵意，在許多的女性主義場合中表達出來，一旦不處理這些情緒，繼續做智識上的探究，尋找對抗的洞見與策略，將會阻礙所有討論的途徑，中止所有對話。然而，我深信女性能（這些技能是在我們挑戰性別差異的人際關係中發展出來的）創造可以生產批判性異議對話的空間，即便在其中，我們表達出強烈的情緒反應。我們需要檢視何以在面對來自不同種族與階級的他者時，我們突然喪失了運用技能與關懷的能力。我們之所以這麼容易地放棄彼此，可能是因為女人內化了一種種族主義的假定：我們永遠無法跨越區隔黑人及白人女性的障礙。如果這是實情的話，那麼我們真是人謀不臧。為了對抗這個共謀，我們需要更多書寫的作品以及口頭的見證，來紀錄破壞阻礙、形成聯合、分享團結的方式。這些將會帶給我們新的希望，為未來的女

性主義運動提供策略與方向。

　　這個運動不單是白人或黑人女性的任務，它是集體的工作。種族主義在女性主義場合的出現，並未排除黑人女性或有色女性積極尋找溝通、交換意見、進行激烈辯論的努力。如果活化的女性主義運動要對女性產生轉化性的影響力，那麼創造出一個我們可以彼此公開批判性對話、可以進行辯論與討論而不用擔心情緒崩潰、可以聆聽並瞭解彼此經驗的差異性與複雜性的環境，是相當重要的。如果我們做不到這點，那麼集體的女性主義運動就無法往前進。當我們創造出這個我們可以珍視差異及複雜性的女性空間，那麼植基於政治團結的姊妹情誼就會出現。

第八章

女性主義思維──
當前的教室

教導婦女研究的課程已經超過十年了，我逐漸看到令人感到興奮的改變。現在女性主義教室中的師生都面臨新的挑戰，我們的學生不再必然是早已致力於女性主義政治或對它感興趣的人（這表示我們並非只是與信眾分享「好消息」而已），他們不再絕大多數為白人或女性，也不全都是美國公民。當我還是一位教導女性主義課程的年輕研究生時，我是在「黑人研究」這門課上這些內容的。當時，婦女研究學程尚未聚焦於種族與性別等議題上，任何聚焦於黑人女性的課程都被視為「可疑的」，當時也沒有人使用「有色人種女性」這個綜合詞彙。當時在我的女性主義課堂中的學生幾乎全都是黑人。他們基本上都懷疑女性主義或女性主義運動對於討論種族主義以及分析黑人經驗與黑人解放運動的重要性，這樣的懷疑日漸加深。黑人學生不分男女，全都繼續質問這個議題。不論在上課或公開演說時，我都不斷被問道：「黑人對於終結種族主義的關懷，是否會阻礙他們對女性主義運動的投入？」、「你難道不認為黑人女性的種族身份比起她們的女

性身份使她們遭受到更大的壓迫嗎？」、「婦女運動真的不是為了白人女性而發起的嗎？」或者「黑人女性已經被解放了嗎？」在設法回答這些問題的過程中，改變了我的思考與寫作方式。身為一位女性主義教師、理論家及行動者，我長期致力於黑人解放運動，並且想在重新論述這項運動的理論上扮演重要的角色，以使性別議題能夠受到關注，女性主義者終結性別歧視的企圖能夠被排入改革的議程中。

致力於女性主義政治及黑人解放運動，表示我必須能夠在黑人脈絡中，面對種族及性別的議題，為疑難的問題提供具有意義的解答，並且提出溝通這兩者適當的、可行的方式。現在我所身處的女性主義教室及演講場合中，很少出現全都是黑人的狀況。雖然政治上強調「多元化」，但我們尚未真正理解，如果女性主義學者想要針對同一地點中的不同聽眾說話，就必須改變我們看待、談論及思考的方式。面對來自各種不同族群背景的聽眾，這些人可能有不同的階級、語言、理解能力、溝通技巧與關注焦點，有多少女性主義學者能夠有效地予以回應？身為女性主義教室中教導婦女研究的黑人女性教授，我每天都要面對這些議題。我所任教的英文、非裔美人研究、婦女研究與其他課程，儘管並未明白標示為婦女研究的課程，但是我通常都會從女性主義的觀點切入。學生可能修習了一門有關黑人女性作家的課，但並未期待教材會從女性主義的觀點切入，這就是為何我會特別區分女性主義教室及婦女研究課程的緣故。

在女性主義教室中，特別是婦女研究的課程，對於女性主義研究缺乏先備知識的黑人學生通常會發現教室中絕大多數是白人（通常是由一群有話直說、年輕、基進的女性主義

者所組成，他們當中有許多人會連結同性戀者的權利問題）。
如果黑人學生對這些議題不熟悉，可能會覺得自己處於學術
及文化的不利地位（他們或許不習慣公開討論性取向的議
題）。如果有一個黑人學生承認她不熟悉 Audre Lorde[16]的作
品，而班上其他同學對此倒抽一口氣，彷彿這是令人難以置
信且應受指摘的，這個舉動就會喚起這樣的想法：女性主義
真的是一個由白人所組成的私人教派。這些黑人學生在班上
可能會感到疏離，更甚者，他們對於女性主義與其關係的懷
疑，可能會被同儕視爲是輕蔑的舉動。他們奮力不懈地將所
有的性別討論與種族做連結，可能會被白人學生視爲偏離女
性主義者的關懷而與之論辯。頓時，女性主義教室不再是安
全的避風港，這原本是許多修習婦女研究的學生對它的期
待，現在它反而成爲衝突、緊張，有時候甚至是充滿敵意的
場所。跨越差異來面對彼此就表示我們必須改變有關我們如
何學習的想法，我們不該害怕衝突，相反的，我們必須設法
運用衝突，作爲促發新思維與成長的催化劑。黑人學生時常
帶著這種積極正向的挑戰感與嚴謹的態度，來從事女性主義
的探究。

　　對於處理各式各樣不同回應感到相當棘手的教師（當中
有許多是白人），可能會像班上其他同學一樣，對於黑人學生
的觀點感到威脅。不幸的是，黑人學生通常會離開這樣的班

---

[16] 譯注：Audre Lorde（1934-1992）生於美國紐約哈林區，以一名
「黑人女同志、母親、戰士、詩人」自居，致力於女性主義、同
志議題、反戰，及公民權利的社會運動。1980 年與 Barbara Smith
等幾位女性主義行動者共同創辦"Kitchen Table: Women of Color
Press"，出版關於種族、女性主義、階級、性別等議題之書刊，爲
第一個由少數族群女性自發成立之出版社。

級,因爲他們認定女性主義並不從族群的觀點探討議題,或者以任何有意義的方式來論述黑人經驗。致力於女性主義政治的黑人女性教師歡迎各種不同背景的學生來修課,即使我們承認教導黑人學生婦女研究是不容易的,尤其當他們對於婦女研究與其生命的關聯性抱持著極大的懷疑時。近年來,我教導更多的黑人男性學生,當中有許多人並沒有意識到性別歧視型塑著他們的說話及互動方式。他們面臨到對其行爲模式的挑戰,而這是他們過去從不認爲是值得懷疑的。有一個學期即將結束時,修我的「小說讀選」課程的黑人男學生Mark 與我分享,他說當我們聚焦在非裔美國人文學時,他因學到性別與女性主義觀點而有了深層的「覺醒」。

我開設的「黑人女性作家」或「第三世界文學」等課程,通常比「婦女研究」課程,有更多黑人學生選修。我曾經幫一位休假的教授開設一門婦女研究的專題討論課,我很晚才發現這門課程其實是爲主修婦女研究的學生所設計的,而且修課的學生可能全都是白人。但是課程大綱說明這門課將從種族、性別、階級與性取向等觀點,來處理女性主義理論,結果第一堂課吸引了很多黑人學生,比起我過去所任教的任何一門婦女研究課程的黑人學生還要多。在與對這門課程感興趣的黑人學生進行個別談話後,我發現大多數學生對於女性主義研究的背景知識非常薄弱。當中只有兩位學生,一男一女,是有備而來的。我建議這群學生先看看對於指定閱讀是否感興趣並可以理解,後來他們決定不修習這門課,而熱衷於另一種選擇,那就是我私底下提供給十位黑人女學生另一門閱讀課程。我讓她們在這門課中共同探索女性主義理論──特別是黑人女性的作品。

第八章
女性主義思維──當前的教室

　　當我們初次見面時，學生表示透過選擇來探究女性主義的議題，使他們有一種正在跨越邊界的感受。Lori 是少數幾位具有婦女研究背景的學生之一，在修這門課之前，她是一位女性主義的積極擁護者，她告訴這個團體想要與其他的黑人學生，特別是男性同儕，分享她對女性主義的興趣是相當困難的：「當我與一位不想與女性主義扯上任何關係，並且讓我瞭解到，沒有人想聽到有關女性主義訊息的黑人男性談話之後，我就知道這是怎麼一回事了。」當我挑戰他們去思索爲何我們值得冒險時，我聽到各種不同的回應。當中有幾位學生談到他們親眼目睹家中或社區裡男人對女人的虐待，並且視終結性別歧視的努力爲促進改變的一種結構性方式。Maelinda 的思維模式是以非洲爲中心的，她計畫在辛巴威待上一年，她告訴團體成員，她認爲黑人女性以爲自己有接受或拒絕女性主義的選擇權是錯誤的，特別是因爲同儕的負面回應而拒絕女性主義時，她說：「我不認爲我們真的能夠選擇，那就像是說，我不想要有種族意識，因爲社會上的其他人不想要我有種族意識一樣。我們要面對現實」。

　　整個學期當中，比起我所教過的任何女性主義課程，我們的討論帶著更多的笑聲，同時對於探索女性主義關懷的負面後果有更多的關心。我也不斷嘗試將教材與學生身爲年輕的黑人女性所遭遇到的具體現實連結起來。所有的學生都是異性戀者，她們特別關心選擇支持女性主義政治，能否改變她們與黑人男性關係的可能性。她們關心女性主義可能改變她們與父親、愛人與朋友之間關係的方式。幾乎每個人都同意，她們所認識的男性當中，努力解決女性主義議題的人，如果不是同性戀者，就是身邊有女性「對他們施加壓力」的

人。Brett 是這個團體當中一位女生的親密伴侶,他修習我的另一門課。由於他被這個團體中的黑人女性指明為關心性別議題的黑人男性之一,因此我特別與他提及女性主義。他的回應讓我們知道為何對黑人男性而言,面對女性主義是困難的,主要的原因是他們習慣從種族主義的角度思考,將自己視為被剝削、被壓迫的人。Brett 談到他努力發展出女性主義意識時所遭遇到的限制:「我已經設法去瞭解,但是,我畢竟是個男人。有時候我實在無法理解,並且會感到受傷,因為我總認為我是被壓迫的事物的縮影。」對許多黑人男性而言,要他們說出如何被種族主義所傷害是不容易的,同樣可以理解的是,要他們對性別歧視「勇於承擔錯誤」、勇於負責也是困難的。在大學校園內,黑人男性學生逐漸被黑人女性同儕強迫去思考性別歧視。最近我在演講時,有一位年輕的黑人男性 Pat 戴了一枚徽章,上面寫著:「性別歧視是一種男性疾病:就讓我們來解決它吧。」Pat 熱衷於饒舌樂,他送給我一卷反對強暴的饒舌樂錄音帶。

在我們最近一次的閱讀聚會中,我詢問黑人女學生,她們是否因這些教材而增能,是否在女性主義意識上有所增長,是否更加覺醒。有些學生表示,這些教材顯示黑人女性活躍於女性主義運動中,比其他團體「有更多的敵人」,並且更常遭受攻擊。在日常生活中,她們覺得要大聲說出並且分享女性主義思想是相當困難的。Lori 提及:「如果一位女性的黑人女性主義者像一位黑人男性一樣好戰式地說話,將會發生什麼事?」她自己回答道:「人們將會發瘋並且開始暴動。」我們哄堂大笑。我向她們保證,我在黑人脈絡中談及女性主義時也同樣地好戰,儘管那兒時常會有異議之聲,但卻也有

愈來愈多的肯定。

　　這個團體中的每個人都擔心致力於女性主義政治，將會使她們被孤立。Carolyn 是組織這個研讀團體的學生，她為大家挑選許多研讀作品，她覺得自己愈來愈孤獨，並且遭受攻擊:「透過大聲說出並反問自己『你是否堅強到足以應付被孤立與批評？』我們看到了黑人女性主義者所經歷到的疏離；你正從男人，甚至某些女人那兒接收這種疏離感。」整體而言，這個團體覺得研究女性主義作品、從女性主義觀點分析性別是理解黑人經驗的一種方式，對於黑人意識的集體發展以及未來的黑人解放運動而言是必要的。Rebecca 是一位南方人，她覺得自己的成長經驗有助於她在工作場合中接受性別平等的說法，但是要將它運用到個人關係中則顯得困難。就個人而言，批判性的檢視自身的觀點並且轉變自我意識，這些都是女性主義政治化過程中的第一步。Carolyn 進一步提及:「一旦你學習批判性地看待自己，你就會以新的眼光來看待周遭的每件事」。

　　Audre Lorde 的文章〈眼對眼〉(Eye to Eye) 是我們很早閱讀的文章之一。它是當我們談到女性主義團結一致對黑人女性重要性時，立即浮上每個人心頭的文章。團體中的成員在聚會時「談論女性主義」，但是在其他的場合沒有依照這樣的信念行事，知行不一的情形造成成員內心的衝突。當 Tanya 提醒團體成員誠實以及面對自我的重要性時，頓時一片靜默。每個人都同意 Carolyn 所說的，對於團結一致共同面對性別歧視及種族歧視的黑人女性來說，她們應該發展出黑人社群所共享的重要生存與抗拒策略，尤其是自從黑人女性度過一切難關並且發現自己「掌握解放之鑰」時。

女性主義學術——
黑人學者

距離我完成我的第一本女性主義著作《我不是女人嗎：黑人女性與女性主義》已經二十年了。就像許多在男性掌控的家庭中成長的早熟女孩一樣，我很早就瞭解性別不平等的意涵。我們的日常生活中充斥著父權體制的戲碼——藉由使用威脅、暴力懲罰、口頭騷擾等來維持男性宰制。小時候，我們就瞭解父親比母親重要，因為他是一個男人。這項體認不斷被一項事實所強化，那就是母親所做的任何決定，都可能被父親的權威所否定。因為我們是在實施種族隔離期間成長的，所以我們居住在全是黑人的社區、上黑人學校、參與黑人教會。在這些機構中，黑人男性比起黑人女性享有更多的權力與權威。直到我上了大學以後，我才知道黑人男性可能已經被「閹割」了，就是這種被奴役的創傷剝奪了黑人男性的男性特權及權力，並且妨害他們完全實現其「陽剛氣質」。然而，被閹割的黑人男性的故事，譬如卑微的 Stepin Fetchits 以小寵物的姿態追隨白人男性，在我看來全都是白人幻想或種族主義想像之下的產物。在我成長的真實世界中，

我親眼目睹居於父權權威地位的黑人男性，運用其男性權力的形式，來支持體制化的性別歧視。

基於這個親身經歷到的事實，當我進到一間白人佔多數的大學後，閱讀到從各種學科觀點，諸如社會學、心理學，所進行的有關黑人生活的學術著作，發現它們竟然是從假定黑人社會關係中不再有性別區分的觀點來書寫時，我感到十分震驚。大學期間，我投身於當時正興起的女性主義運動，並且修習了他們所開設的婦女研究課程。然而，我對於他們漠視黑人經驗，再次感到驚訝。白人女性教授與學生，對於黑人生活中性別差異的無知，也令我感到困擾，當他們談論「女性」的地位與經驗時，事實上，他們所指涉的對象僅限於白人女性而已。我的驚訝逐漸轉變成憤怒。當我試圖與他們分享關於黑人的性別關係是如何被建構以維持黑人男性的權威，或是與他們分享關於白人女性的認同與地位不同於黑人女性等訊息與知識時，我發現自己的努力完全被漠視。

在尋找論述我這種生命經驗的學術性材料過程中，我驚訝地發現關於黑人生活中性別差異的探討竟然付之闕如，或是存在一種隱性的假定，認為黑人女性既然已經外出工作了，那麼她們的性別角色已經翻轉了。通常學者們所談論的黑人經驗，只是專指黑人男性的經驗而已。另外值得注意的是，當談到「女性」時，只是把白人女性的經驗加以普遍化，用以代表所有女性的經驗；談及「黑人」時，則是以黑人男性作為指涉的對象。我對此感到相當挫敗，並且開始探討種族歧視、性別歧視如何型塑與影響與學術界討論黑人經驗與女性經驗。很顯然地，這些偏見已經創造出一種氛圍，在這裡頭，對於黑人女性的獨特經驗，只有少數的認識，或者根

第九章
女性主義學術——黑人學者

本完全不瞭解。正是這個關鍵性的落差，激勵我去研究並書寫《我不是女人嗎：黑人女性與女性主義》這本書。幾年以後，直到女性主義著作的出版商，將「種族」視爲女性主義學術領域中，一個適當且具有市場的主題之後，這本書才得以出版。但是，一直要等到白人女性也開始對種族及性別議題感興趣之後，才算是真正的被接受了。

當代女性主義運動剛萌芽時，由黑人女性所執筆的女性主義著作及學術研究相當具有開創性。Cellestine Ware、Toni Cade Bambara、Michele Wallace、Barbara Smith、Angela Davis 等黑人女性的著作，全都試圖闡明、定義、談論、對抗女性主義著作中黑人女性的缺席。早年，白人女性熱切地鼓勵專門探討她們真實處境的女性主義學術發展，重新發現被埋藏的白人女性歷史，以及揭露那些用以說明性別差異是經由社會建構而成的、制度化的不平等之證據。然而，集體熱切創造處理黑人女性獨特處境的女性主義學術並未同時產生。黑人女性行動家、學者、作家一再發現，自己在女性主義運動中遭到孤立，而且時常成爲某些誤導的白人女性的攻擊目標，這些白人女性在面對「女性」範疇的解構，以及將種族論述帶入女性主義學術中時，都感到備受威脅。當時，我想像自己與其他的黑人女性著作，可以作爲引發更多黑人，尤其是黑人女性，參與女性主義學術生產的催化劑。然而，事與願違，黑人與許多白人女性時常對於獻身於女性主義政治的黑人女性心存疑慮。

有關女性主義的黑人論述，時常被侷限在關於黑人女性是否應該投身於「白人的女性主義」運動的無止境辯論上。我們先是黑人還是女人？那些試圖對女性主義理論的發展進

行批判性介入的少數幾位黑人女性學者，呼籲要留意種族主義偏見扭曲女性主義學術，而且未能將非白人的、非特權階級的女性之現實納入考量時，就被迫向白人女性主義者「證明」我們將是被攻擊的目標。雖然，對我們而言，要贏得別人的側耳聆聽、獲得聽眾，這個策略是必要的，但是這就表示我們並未集中精力於創造一種讓我們可以專心發展從女性主義觀點來檢視黑人經驗的學術氛圍。我們花太多的精力在女性主義運動中的種族主義上，或是向黑人聽眾證明性別不平等的制度充斥於黑人生活中，以致於我們無法專心一意地將精力放在邀請其他的黑人，將女性主義思維視為一種能夠闡發、提升我們對黑人經驗的智性理解的觀點上。活躍於女性主義政治當中的黑人女性，似乎時常深陷於兩難困境之中。大多數的白人女性並不歡迎我們對女性主義典範的質疑，因為她們正試圖要將女性主義體制化；同樣地，許多黑人也將我們對女性主義政治的獻身，視為一種背叛，並且忽視我們的努力。

　　儘管在女性主義學術圈中，我們面臨了種族歧視，但是擁抱女性主義思維與實踐的黑人女性，還是相當地投入，因為我們體驗到自我改善的新方法。我們一直認為，對性別歧視的批評、在黑人社群中肯定女性主義政治的努力，對於女人以及男人來說是多麼具有解放作用。就像 Michele Wallace 及 Ntozake Shange 的黑人女性思想家及作家一樣，最初她們在著作中對性別歧視及黑人生活中性別差異的重視得到大批黑人讀者群的迴響，但她們也必須面對一些不願與之進行對話、深具敵意的黑人群眾。許多目睹黑人群眾響應她們著作的黑人女性作家因此擔心，對女性主義思維的投入將使她們

永遠與黑人社群隔離。許多黑人為了要回應黑人女性應該涉入女性主義運動的說法，堅稱我們已經是「自由的」，我們在外工作就是一種自由的象徵。這種思維方式完全忽略了性別歧視及男性宰制的議題。由於當時主導性的說法堅稱黑人男性是白人至上的父權體制下的完全「犧牲者」，因此，只有少數的黑人願意致力於女性主義；女性主義堅稱性別歧視及制度化的父權體制的確提供黑人男性權力，即使在種族主義的壓迫下，這種權力形式仍然是完好無缺的。在這種文化氛圍之下，對於女性主義理論及學術的創造感興趣的黑人女性，聰明地將她們的注意力聚焦在那些前衛的人身上，這當中也包括白人女性在內，這些人比較能接受從女性主義的觀點去挑戰黑人生活經驗中的性別議題。

值得注意的是，當女性主義運動發展時，正是那些勇敢挑戰「女性」範疇普遍化的黑人女性及有色人種女性，革新了女性主義學術內涵。許多先前抗拒重新思考女性主義學者談論女性地位方式的白人女性，現在開始回應這些批評，並且努力創造出批判性的氛圍；因此，我們能以較為複雜的方式來談論性別議題，並且承認女性的地位確實存在差異，而這主要取決於她們的種族與階級背景。諷刺的是，這項重要的改變並未因此促發更多的黑人女性探究女性主義。近來，有比黑人女性更多的白人女性在探究女性主義時，納入族群的觀點。這是因為學術界中的許多黑人女性，仍然對女性主義政治及女性主義觀點，抱持矛盾的情感。譬如 Sandra Bartky 在她的論文〈邁向女性主義意識的現象學〉（Toward a phenomenology of feminist consciousness）中提及：「要想身為（to be）女性主義者，就必須先成為（to become）女性主

義者」。她提醒我們，僅僅只是關於性別的思考，或者對女性處境的哀悼，「不必然是女性主義意識的表現」。事實上，許多黑人女性學者雖然選擇以性別爲探討的焦點，但是她們卻否定女性主義思維。這是因爲她們不確定女性主義運動是否真的能夠以有意義的方式，來改變黑人女性的生命，因而不願意採取也不願主張女性主義的觀點。

　　另一個限制黑人女性參與女性主義學術生產的因素是缺乏制度性的獎勵。當許多活躍於女性主義運動中的學界白人女性形成人際網絡，共享資源、出版、工作之際時，黑人女性卻還是被排除在這個圈子之外。這種現象尤其反映在那些創造女性主義學術，但並未受到良好支持的黑人女性身上。白人女性時常對我早期以種族與種族主義作爲焦點的論文感到威脅。過去的我並未受到獎勵或重視，我被視爲威脅女性主義的人物。尤其當我勇於從女性主義的觀點，來談論種族之外的議題時，更是具有威脅性。整體而言，黑人女性學者已經被學界中制度化的種族主義與性別歧視，予以嚴重地邊緣化，因此，她們從未完全相信，公開宣稱投身於女性主義政治，有利於她們在職場上的發展或個人福祉。我們當中有許多人都仰賴與黑人男性學者所建立的網絡，來協助自身的生涯發展；有些人已經感覺到一旦宣稱採用女性主義的觀點，將會使我們與這些盟友產生疏離。

　　儘管有許多的因素阻礙了黑人女性從事女性主義學術工作，但是關於這項工作的獎勵制度，近來已經逐漸建立。女性主義理論的研究已經被視爲具有學術上的正當性，相較於過去，現在有更多的黑人女性學者，正在從事有關性別的研究工作。漸漸的，有愈來愈多的人從事女性主義的學術工

作。其中，文學批評成為最能允許黑人女性學者從女性主義
觀點發聲的場域。許多女性主義文學批評就回應了黑人女性
小說作家的著作，後者揭露出黑人生活中的性別剝削與壓
迫，而這種文學正受到史無前例的關注，現在批判性的評論
不再是具有風險的舉動。這些著作都呈現了女性主義的關
懷，比起黑人女性的寫實性女性主義寫作，Alice Walker 與
Ntozake Shange 等人的小說，更能作為一種催化劑，刺激各
種黑人社群中有關性別與女性主義的批判性辯論。當時，寫
實性的女性主義寫作，最常被黑人讀者所忽略（Michele
Wallace 的《黑人男子氣概與女強人迷思》是唯一的例外）。
白人女性學者通常能夠接受黑人女性以性別為焦點或者參照
女性主義而書寫的文學評論，但是她們仍然視女性主義理論
為她們重要的資產。漸漸地，黑人文學評論家的著作受到注
意與喝采，諸如 Hazel Carby、Hortense Spillers、Beverly
Guy-Sheftall、Valerie Smith、Mae Henderson 等黑人女性學
者，就使用了女性主義的觀點來從事文學的學術生產工作。

　　儘管黑人女性從女性主義觀點所書寫的文學批評正快
速地成長，但是比起其他非黑人女性學者，她們在處理性別
議題時，並未特別將其著作置於女性主義的脈絡之中。例如
Rosalyn Terborg Penn、Deborah White、Paula Giddings 等歷
史學家所進行的研究計畫，目的在重新發掘被埋沒的黑人女
性經驗的知識。她們以及其他黑人女性史學家的研究成果已
經擴展，並且讓我們進一步理解黑人經驗中的性別特質，儘
管這些著作並未明白地宣稱與女性主義思維之間的關係。類
似的模式也在其他的學術領域中持續發展著。這表示我們有
很多探討性別議題的著作，提升了女性主義學術發展，但並

未明確以女性主義爲名。

顯而易見的是，當代的女性主義運動提供學界正當化性別爲基礎的學術研究一種必要的文化架構：希望這樣的研究能夠從女性主義的觀點出發。相反的，未從女性主義觀點出發的性別研究著作，就會處於一種與女性主義矛盾的，甚至有問題的關係之中。其中一個例子就是 Deborah White 的《我不是女人嗎》（*Ar'n't I a Woman*），這本書是在我的《我不是女人嗎》（*Ain't I a Woman*）之後出版的，不論有意與否，這本書反映出我的著作當中對於重新思索黑人女性所身處奴役地位的關懷（White 並沒有引用我的著作，這個事實的唯一重要性在於它完全沒有提到女性主義政治）。事實上，我們在閱讀 White 的著作時，可以將它視爲對科際性、非傳統學術著作的矯正，後者將研究置於女性主義脈絡中。White 的著作呈現出一種政治中立的學術樣態。然而，即使它也處理了女性主義運動及女性主義學術所創造出來的議題與聽眾，但是正因爲它缺乏女性主義的觀點，使得這類著作被去除正當性與有效性。由於極少有嚴謹的學術著作記載我們的歷史，因此 White 的著作可以說是一項重要的貢獻，儘管它與許多黑人女性學者一樣，在面對女性主義思維時呈現出一種模糊不清的關係。

然而一旦這種模糊不清的關係與許多黑人男性思想家明顯反對女性主義的態度，聚合起來的時候，就無法產生正面積極的氛圍來提供黑人學者集體擁抱並支持女性主義著作的持續生產。雖然個別的黑人學者仍然選擇這項研究，而且近年來一些研究生也勇於將其著作置於女性主義的脈絡中，但是缺乏了集體的支持，將無法創造出批判意識的教育以教

導黑人理解爲何從女性主義觀點來檢視黑人生活是重要的。近來整個文化中反對女性主義的激烈反應，削弱了對女性主義學術的支持。因爲黑人女性主義學術在學界中總是被邊緣化，總是處於現有的學術霸權以及主流的女性主義邊緣，所以我們這些相信我們的研究工作有助於以無偏見的方式來討論黑人經驗的人，就必須更加努力進行批判意識的教育。那些開始從事性別議題但仍然對女性主義政治抱持矛盾態度的黑人女性學者，以及那些已經開始敏覺與致力於女性主義者，則必須願意公開討論他們思想上的轉變。

第十章

教學社群的營造——
對話

　　Henry Giroux 與 Peter McLaren 在他們所編纂的《邊界之間：教育學與文化研究政治》（*Between Borders: Pedagogy and the Politics of the Cultural Studies*）一書的緒論中強調，那些處理教學論議題而致力於文化研究的批判思考者必須結合理論與實踐，以肯定並說明其在政治重塑行動者、權力與競逐關係的情形下，如何重新創造新語言、破除學科邊界、將權威去中心化，及改寫制度及論述邊界所做的努力。確定此目標後，尋求改變教學實踐的批判思考者便需與他人進行對話，共同討論跨越邊界及開創變革之可能性。近來由於差異概念在進步主義學界成為熱門主題，所以談論「混雜」及「跨越邊界」也蔚為風潮，但我們常缺少具體實例說明那些在結構中處於不同位置的個人如何與他人共享觀念、勾勒共通性、連結性與分享共同關懷。

　　參與對話是我們身為教師、學者及批判思考者最容易開始跨越邊界的方式之一，而種族、性別、階級、專業地位及其他許多差異可能會、也可能不會成為跨界的障礙。我最早

的合作性對話是與哲學家 Cornel West 進行的，對話內容刊登在《擘餅：反對派的黑人知識份子的生活》一書中。接著，我參與了一個與女性主義批評家 Mary Childers 相當刺激的批判交流，內容刊登在《女性主義的衝突》一書中。第一次的對話是用來作為男性、女性及黑人學者間一種批判交流的模式；第二次的對話則用以顯示個別的白人與黑人女性主義思想家之間可以而且的確存在凝聚力。這兩個案例似乎比較凸顯群體區隔的公共再現，而非跨越邊界、面對差異、激發討論、凝聚團結的力量展現。我們需要更具體的反例，來破除個體無法跨越邊界的這種固著的（常是未被陳述的）假定。缺乏這樣的反例，使我覺得我們會處於失去連結的危險處境中，或使得創造連結的情境變得不可能。因此，我確信公共對話可作為有效的介入策略。

當我開始著手這本論文集時，我對挑戰白人男性學者（通常代表權力、特權或壓迫階層的具體化）與被邊緣化群體（所有種族或族群的女性及有色人種的男性）之間沒有連結點及缺少同儕情誼的這種假定特別感興趣。最近幾年，許多白人男性學者已批判性地參與我的寫作，而此種參與卻受到懷疑或被視為幫助投機者行事的挪用行為，實在令我困擾。如果我們真的想要創造一個可挑戰與改變偏見的文化氛圍，則所有的跨越邊界都必須被視為有效且合法的。這並非意謂它們不會受到批判性的審視，或是說當掌權者跨越到無權者的領域時，仍會保存現有的結構。這個風險比起持續依附和支持現存支配系統較不具威脅性，特別是當其影響我們如何教，以及我們要教什麼時。

為提供一個可能性模式，我選擇與 Ron Scapp 進行對

話，他是白人男性哲學家，我的同事，也是我的朋友。之前，
他一直在皇后學院的哲學系教書，並擔任教育學院先修課程
的主任。他是《發聲：追求合法性》（*A Question of Voice: the
Search for Legitimacy*）論文的作者。最近，他擔任聖文森學
院的多元文化教育研究學程的主任。我第一次遇見 Ron，是
在皇后學院的時候，當時我和修習我在歐柏林學院開設的
Toni Morrison 專題研究課程的十二位學生一同參加研討會。
Morrison 和我在研討會上演講。我對她作品的批判觀點，尤
其是對《寵兒》[17]這本書，並未獲得很多回應。當我要離開
會場時，我被學生包圍，Ron 向我走來並分享他對我的觀點
的回應。這是一種對教學、寫作、觀念及生命之熱切批判交
流的開始，我想納入此對話的原因在於我們處在不同的位
置。Ron 是白人，又是男性（兩種隱含特殊權力及特權的位
置），我則在私立學校教書（被認為較我們現在所任教的州立
大學來得有聲望），排名與聲望較佳。我們的背景都是勞工階
級，他的根在城市，我則在美國鄉村。理解及欣賞我們的不
同位置成為營造彼此間專業與政治凝聚力，以及創造一種親
密及滋養他人情感信任空間的必要架構。

　　這幾年來，Ron 和我曾多次討論我們身為批判思考者、

---

[17] 譯注：本書榮獲 1993 年度普立茲文學獎，台灣譯為《寵兒》，由台
灣商務印書館出版。Morrison 一貫以黑人社群的歷史及其命運為主題
創作，刻劃美國奴隸制度的殘酷與恐怖，描繪非裔美國人在生活和靈
魂上痛苦的焠鍊及蛻變過程。Morrison 經由小說中被殺害的小孩靈魂
向母親質疑，用這樣直接的敘事策略，讓人置身於暴力與種族歧視的
機制下，觀看人如何在行為和抉擇的過程中，產生一種倫理與道德責
任，並利用語言的反省，來加深我們對人的限制，以及對多重選擇之
可能性的深刻探討。

學者教授的角色，正如同我必須面對那些批評我的作品非學術或不夠學術的人一樣，Ron 必須應付那些質疑他所從事的是否爲哲學研究的批評者，特別是當他引用我及其他未受過哲學傳統訓練者的文章時。我們都熱情地致力於教學，共同關注未被貶低的教師角色。我們希望能產生許多諸如此類的討論，顯示出白人男性能夠而且的確會改變他們的思考與教學方式，並且藉由差異的互動有意義地豐富我們的教學實踐、學術研究，以及學術界內外的習性。

bell hooks：

> Ron，讓我們來談談如何看待自己的教師角色，開始我們的對話。這本書中我一直被一個根本結構化的事實影響我的教學反思，那就是：我從未想過我會成爲學者。我在進入教室之前，我從未幻想過自己是個教授。這對我而言是有意義的，因爲它讓我感覺到教授的身分與我帶進教室中的結構化的認同恰巧是相反的，這種想法讓我感到自由。

Ron Scapp：

> 和你情形類似又有些不同的是，我並非不想成爲教授──而是我從來沒想過。我的生命經驗多在教室之外，我有許多朋友並未完成大學學業──有些沒有念完高中──所以沒有學校即專業管道這回事，我認爲你不想成爲教授是因爲不想要那樣的專業識別，我則是從未思考過這件事。

bell hooks：

> 但就像你說的，我也沒想過。我是說，作爲一個生長在

種族隔離政策之下美國南方的年輕黑人女性，我認為──
──而且我父母也認為──我會回到那個地方並成為公立
學校的教師，但卻從未料到我可以成為大學教授，老實
說，我們並未聽聞有任何黑人女性成為大學教授。

Ron Scapp：

有些不同卻相似的是，我的父母是勞工階級，他們認為
教育是工具，而非結果，所以當某人接受大學教育之
後，便會成為律師或醫生。對他們而言，教育是一種加
強經濟地位的工具，他們並不是輕視大學教授，只是那
不是某些人會從事的工作。一個人接受教育是要賺錢、
謀生和成家的。

bell hooks：

你教了多久的書？

Ron Scapp：

我在 1979 年畢業於皇后學院後，便開始在 LaGuardia 社
區學院教書，我的學系專業是補救基本能力，我們所教
的是閱讀與英文補救教學。

bell hooks：

然後你繼續攻讀哲學領域的博士學位？

Ron Scapp：

是的，我在研究所期間繼續教學工作。從 1979 年起，
我就已投入兼職或全職的教學，所以，教了 14 年了吧！

bell hooks：

我從 21 歲還是研究生的時候，就開始教書，因為我對
非裔美國人文學和非裔美籍女性的文本很感興趣，而且
有一群學生願意修習這些課程，我就採用這類文本為教

材。雖然我已經在教學，但我很晚才拿到博士學位。我發現自己已經在大學教室中待了 20 年。我帶領歐柏林的學生去皇后學院參加研討會時與你相遇，這是一件很有趣的事。我們因為我論文中關注的焦點而產生連結，我們不只在教室中進行學術研究，學術研究也在教室外影響我們。多年來我們持續碰面討論教學論與教學，其中聯結我們的就是我們真的認同教育就是自由的實踐，不只是為了學生也為了我們自己。

Ron Scapp：

沒錯！其實那也是個理解或描繪我如何對教授這個角色感到愈來愈自在的好方法。

bell hooks：

我想要回到一個觀念，因為我並未將教授或學者做為自己的認同，使自己更願意去質疑及審視這個角色。假如要找出我對自己的認同，或許可以說是作家，因為這比視自己為教授有更大的彈性。我覺得不要將自己標籤化為學者或教授的話，可以得到許多好處，那使我願意批評自己的教學及接受來自學生與他人的批評，而不會認為質疑我如何教學就是質疑我生存在地球上的權利。我覺得阻礙許多教授無法反思自身教學實踐的原因之一，是他們對「這是我的認同，而且我不能質疑該認同」的恐懼。

Ron Scapp：

我們正在談論專業取向──那可能是個笨拙的措辭──企圖要了解職業感。我們在談的是將教授、大學教師甚至是教師本身這個頭銜視為一個專業，就像律師或醫生

一樣，那是一種在我們勞工階級社群中帶給自己聲望或重要性的術語。但身為教師，我認為我們多年來的重點是去確認我們透過和教室中他人的共處而完成了某事。不只是傳達資訊或陳述事物，也要與人群共事。

我們前面提到了自己本身從社群進入教室的方式。

bell hooks：

我所說的其中一項是，身為黑人女性，在一些會使我們陷入深度心／身分離的場域中，我卻一直敏覺到自己身體的存在，所以可以說是幾乎無法合於現存的結構，不論是黑人女學生或教授都一樣。但若你想要保持原狀，你便會記得自己──因為記得自己便是視自己為一個身體，處在未習於本身存在的系統中。

Ron Scapp：

同樣地，身為三十多歲的白人大學教師，我也深深地察覺到自己在教室中的存在、既定的男性身體及男性教師的歷史。我需要敏覺到並批判自己在歷史中的存在。但事實卻很複雜，你和我都敏覺到，甚至是懷疑──那些人似乎會從真實的、基進的身體意識撤退到一種非常保守的心／身分離狀態。我的一些男性同事都是基於恐懼而非尊重地壓抑自己的身體。

bell hooks：

而且有趣的是，性騷擾就是在那些私密空間中不斷上演著──在辦公室或其他空間──個人必須經歷受壓抑的報復經驗。我們說到 Michel Foucault 在理論上似乎是個挑戰化約主義的二元對立與心／身分離的例子，但在他做為教師的生活實踐中，卻明顯地區隔下列兩種空間，

一個是將自己視為實踐的知識份子──他不只視自己是批判思考者且被認為是批判思考者；另一個則是將自己當做身體。很清楚地，高層次文化的空間是他的心靈，而街道及街頭文化的空間（以及流行文化、邊緣文化）則是他感覺身體中最能表現自己的地方。

Ron Scapp：

他曾被引用的話是：舊金山的日光浴最能讓他感到自在。他的論文或許沒有這麼多的區分和二元論，雖然我從未和他共處於教室中，但就我所知，他很嚴謹地採取傳統法國知識份子的姿態。

bell hooks：

身為一個傳統的法國白人男性知識份子，你加上的這點是很重要的，因為我們甚至無法叫出任何法國黑人男性的知識份子的名字，即使我們知道他們必定存在，就像歐洲其他國家一樣，法國不再只有白人。

我認為有一種不安的氛圍環繞在種族、性別、階級與性取向的論述，這樣的論述造成學術界對心／身分離的挑戰。一旦我們開始在教室中談論身體以及我們如何居於身體之中，便是自動地挑戰了權力在特定制度化空間中安排自身的方式。最有權力的人擁有否認自己身體的特權。我記得我還是大學生時，有個白人男性教授一直穿著同一件斜紋軟呢夾克和皺巴巴的襯衫，但我們都必須假裝沒這回事。你從來不會評論他的衣著，因為這樣做是象徵自己的無知。重點是我們應該尊敬他的心靈而不是身體形象。

某些女性主義者──很有趣地，在這方面我想到的

兩個人是拉岡學派學者[18]，Jane Gallop 和 Shoshana Felman——試著去書寫教師作為教室中一個身體的存在，教師的存在就好像某人對學生的發展有著全盤的影響一般，不只是智識的影響，也影響了學生如何看待教室之外的真實世界。

Ron Scapp：

這些都是在強調將知識體系歷史擬人化為教師。我們現在所談的是我們的工作如何、以何種方式將我們自己、我們的身體帶進教室。傳統教室中的老師是一個站在講桌後面或是講台前，固定不動的教師。奇怪的是，那讓我們回想到堅定的、不會變動的知識形體即為永恆不變之真理本身的一部分。所以即使某人的衣著凌亂、褲子不合身，或是襯衫濕了，只要心靈仍舊優雅而動人地運作，仍舊是令人欣賞的。

bell hooks：

我們對教授的浪漫看法，深深地結合著心靈轉換的觀點，以某種意義來說，心靈總是和身體不和。我想一般人、一般學生傾向將教授視為非勞動者的原因之一是因為教授固定不動的身體形象，我們與其他大部分人的工作（服務、工作、勞力），區隔工作間的階級區分有部

---

18 譯注：拉岡學派指的是 Jacques Lacan，法國精神科醫生，成為弗洛伊德之後最具影響力的精神分析學理論家，以「回歸弗洛伊德」為口號，和國際精神分析學會（International Psychoanalytical Association, IPA）在理論和組織政治上展開長達三十年的論戰。其中對於美國精神分析家的理論傾向，拉岡反對過分強調自我作為修補機制的自我心理學，並強調應重返弗洛伊德關於潛意識與本我的論說。

分是他們身體的移動。解放教育學是要求個人帶著身體限制在教室中工作，且要透過並對抗該些限制而工作（教師可能會堅稱是否站在講台或講桌後面並不重要）。記得剛開始教書，當我第一次試著從講桌後面走出來時，心情相當緊張，我當時想著「這就是權力」。若是與走向學生、站在他們旁邊，甚至可能會碰觸到他們相比，當我位於講台或講桌後面時，我的確感到事事多在「掌控之中」。承認我們是存在於教室中的身體，對我而言一直很重要，特別是在我努力去粉碎教授是全知全能的這種主張之時。

Ron Scapp：

當你離開講台並開始在學生座位間巡視時，突然間你的一舉一動對學生而言都變得相當明顯。而且，你也帶給自己某種潛力去進行面對面的關係和尊重彼此所言，即使效果並不確定。學生和教授彼此相互注視，而且當我們在身體上變得較親近時，突然間我便不需隱藏我該說的話，而劃分界線的高牆也暗示了從講桌邊所傳遞的所有事物都是金條玉律、都是真理，或者暗示說任何話都要以我的考量為主，所以我能做的回應便只有「很好」、「沒錯」等等。當人們四處移動時，能更明顯地看出我們在教室中工作。對一些教師而言，特別是資深教師，會渴望享有在教室中看來並未在工作的特權，那本身並無大礙，但反常的是這些教師常在教室外面，不斷地訴說自己工作得多麼辛苦。

bell hooks：

我們所談的身體安排並不強調教授在教室中提供自己

的某些東西給學生。身體的消除鼓勵我們去思考正在傾
聽的中立、客觀事實，這些事實對分享者而言並不特
別。我們去教授這些資訊，好像它們與我們的身體無關
一般。重要的是，那些批評教室中存有偏見的人，被迫
回到身體來說明我們本身是歷史中的主體。我們都是歷
史中的主體，必須將自身具體化，以解構傳統上權力在
教室中被安排的方式。藉由承認主體性和認同的限制，
我們瓦解了優勢文化中必定會有的反對，那也是為什麼
承認我們及學生主體性的努力已產生強烈的批評和反
動。即使 Dinesh D' Souza[19]和 Allan Bloom[20]以此作為觀
念的批評，它也批評了那些觀念在教室之中如何被推
翻、瓦解和分離。

Ron Scapp：

若是教授們能正視、尊重學生身體的話，則我們必須承
認自己正在與構成歷史一部分的人們說話，而且他們有
些擁有不同的認知方式。特別是教授及教師，他們在教
室中和不熟悉的人面對面，例如，在都市大學的場域，
在我自己的校園，許多教授並不住在紐約市，有些不住
在紐約州。他們住在康乃迪克、新紐澤西或長島上。他
們的社群有許多是非常孤立的，未反映出校園中的多元

---

[19] 譯注：Dinesh D' Souza 為美國著名的作家與演說家，紐約時報
多本暢銷書的作者，於 1961 年出生於印度，曾服務於史丹佛大學
胡佛研究中心。
[20] 譯注：Allan David Bloom（1930-1992）為美國知名之哲學家、
評論家及學者。Bloom 如同他的心靈導師 Leo Strauss 一樣支持「經
典作品」教育的理念。他以 1987 年出版的暢銷書《美國精神的封
閉》當中對當代美國高等教育的批評而聞名。

族群。我想那就是爲什麼這麼多教授認爲自己是自由的，即使他們在教室中維持保守的位置。在種族議題方面似乎更是如此，有許多人想要表現得好像種族、歷史皆不重要一般，或是已工作 40 年的移民家庭沒有什麼傲人之處，我們必須停止這種想法。此種消去的理論是依照下述邏輯所產生的：「我們在此所從事的是科學；我們在此所從事的是客觀的歷史」。

bell hooks：

能夠看到身體的消去與階級差異的消去有關，是很令人振奮的事，更重要的是此種角色的消去發生在大學這個複製菁英主義特權階級的場域中。當西方文明和律則受到挑戰及嚴格審視時，這些議題都會被揭露出來。那正是威脅保守學者的──這種批評可能會除去中產階級對「教授」的觀念，而且結果是，我們需要根本的改變對教室教師角色重要性的看法。在撰寫本書時，我持續地思考下述事實──許多教授的教學策略是進步的，願意改變課程，但實際上卻拒絕改變教學實踐的本質。

Ron Scapp：

許多教授未能覺察到他們如何在教室中控制自己。例如，一個教師可能會介紹你或學術界中少爲人知的知識份子的作品，然而他們只採用文本中與他們相同的觀念，暗示該作品最終將與那些享有階級、種族、性別特權人士的保守作品無異。

bell hooks：

教授在企圖解構傳統偏見的同時，也可能透過肢體語言、音調、字彙選擇，傳遞他們所批判的偏見。

第十章
教學社群的營造──對話

Ron Scapp：

沒錯，那就是問題所在。一方面，你在複製整個傳統；另一方面，要如何呈現文本？比較安全的做法是在那些已經成為律則的傳統書單之後加上基進的文本。

bell hooks：

我想到一個例子，有一位白人女性英語教授在她的授課大綱中納入 Toni Morrison，但在討論該書時卻不想論及種族議題。因為她認為討論種族議題對她而言比改變課程更具威脅性。她認為改變教學策略是冒險的，這樣的看法並沒有錯。當然那些試圖將進步教學實踐制度化的教師，也承擔著被懷疑批評的風險。

Ron Scapp：

是的！那些呼籲傳統必要性的教授可用不同方式談論它。傳統應該是這樣一個美妙的、豐富的字彙。然而卻常被負面的使用，被視為是現狀的重複。我們可以慶幸已創造出進步課程的教師傳統，但這樣的傳統從未被提及或重視，甚至在閱讀基進文本時，也需要確認他們對學術研究有所貢獻。即使在課堂中讀到某些文章，仍是以過往習慣的方式加以呈現。假若未以對抗本質的方式來教學，便會貶低了 Toni Morrison 或你的作品的重要性與影響力。在今日的哲學課程中會採用討論種族、族群和性別的文本，但並非以顛覆的方式呈現，而只是被用來在表面上更新課程。這種對過去的固守是因為相信過往所發生的具有合法性所致，秉持這些信念的教師不敢勇於挑戰自我，因為他們代表了既有的社會秩序。他們只想讓教室維持原有的風貌。

bell hooks：

> 我想要重述的是，許多超越舊觀念、擁抱新思考方式的教師，可能仍如同其保守的同事一般，完全依附老舊的教學方式，這是個重要的議題。即使是我們之中那些嘗試進步教學實踐的人都害怕改變。一旦覺察到自己是歷史中的主體、被邊緣化及受壓迫群體的成員，受到制度化的種族主義、性別歧視及階級、菁英主義所欺騙，我強烈地懼怕自己的教學會再製此種階層。但我完全沒有可以採行的模式，也沒有範例可以說明在教室中以不同方式教學所代表的意義。教學實踐的實驗可能不受學生歡迎，因為他們常期望我們以其習以為常的方式教學。我的重點是教師要反映進步教學論，必須要有強烈的承諾、奮鬥的意志。進步式教學的實踐方式受到來自教育界內部以及外界的批評。Bloom 和 D'souza 傳遞給廣大聽眾與讀者關於進步教學論的歪曲印象。我訝異於媒體讓大眾覺得保守白人男性已經在教育改革行動中，完全失去信任和權力。但實際上一切少有改變，只有極少數教授支持進步教學法。我們真正身處的制度中，幾乎少有改變，課程的改變也很少，幾乎沒有典範轉移，人們持續以傳統方式呈現知識和資訊。

Ron Scapp：

> 正如你前面所提的，保守的思想家設法使其主張散播至大學之外，甚至已說服學生：若是有所改變，教育品質便會減低。例如，我認為許多學生會以為缺乏傳統形式就是缺乏嚴謹。

bell hooks：

> 真正可怕的是進步教學論的負面批評對我們的影響──使教師害怕改變去嘗試新策略。例如，許多女性主義的教授剛開始教學時致力於基進的教學實踐，但當學生未表現出「尊敬其權威」的態度時，他們便感到這些實踐是錯誤的、不可信賴的，故而回到傳統實踐。當然，他們應該預期到受過傳統教育的學生會害怕，甚至會抗拒那些主張學生應該參與教育，而非成為被動消費者的教學實踐。

Ron Scapp：

> 然而和學生溝通此點非常困難，因為許多學生已深信自己無法回應參與課堂的訴求，因為他們已被訓練成不視自己為有權力及具合法性的人。在他們眼中，承認學生對學習歷程的責任是不合常規的。當我們試圖改變教室，使師生學習共同負責時，學生會因為你不再是他們的領航者而恐懼，而只是成員之一，不是一個可依賴者。

bell hooks：

> 為自由而教育，則我們必須去挑戰及改變大家對教學歷程的思考方式，特別是學生方面。在試著讓他們參與觀念的對話討論之前，<u>我們必須教導歷程</u>。我教過許多白人學生，他們持有不同的政治立場。當他們進入非裔美籍女性文學的課堂時，卻期望不要出現種族、階級及性別政治學的討論。這些學生常會抱怨：「我以為這是一門文學課」，他們真正的意思是：「我以為這堂課會像其他我修習的文學課一樣進行教學，只是用黑人女性作家替代白人男性作家而已」。他們接受再現焦點的轉變，

但抗拒思考方式的轉變，這是很令人擔憂的，也是為什麼多元文化主義的批評試圖停止教室的繼續運作與變革的原因。就好像許多人知道差異擁有革新教室的潛在力量，但他們並不想讓此變革發生，反而想藉著「進步主義讓我們無法獲得嚴謹想法與教育」的說帖，將進步教學論去合法化。這樣的批評讓我們回到以不同方式教學的議題。我們如何回應同事對我們的感覺？確實有同事對我說：「學生很喜歡上你的課，你到底哪裡做錯了？」

Ron Scapp：

有同事對我說：「你的學生好像很享受你的課程，每次我經過教室，他們都開懷大笑，你們好像挺快樂的」。這句話的意涵是你是一個擅長說笑話的人、是個優秀的表演者，但教學不夠嚴謹。教室中的愉悅是可怕的，假如有笑聲，可能就有互惠的交換。你在笑，學生也在笑，而當某人經過看到會說：「喔，你能讓大家開心，但又如何呢？任何人都可以娛樂大家」。他們抱持這種態度是因為他們不認同互惠及尊重的觀念，而且也不認為你的觀念是有趣的、動人的。要證明學術的嚴謹性，學生應該是死氣沉沉的、靜默的、想睡覺的，而非雀躍、興奮、喧鬧、在教室中走動的。

bell hooks：

就好像我們去想像知識是奶味香濃的布丁，學生享用後可以獲得滋養，但不代表消化的歷程也應是快樂的。身為致力於發展解放教育學的教師，當我遇到以為在這種教學實踐歷程中可以較無紀律、較無責任的學生時，心

情是很沮喪的。許多害怕失去學生尊敬的教授，不想嘗
試新的教學實踐，我們當中有些人會想：「我必須回到
傳統的教學方式，否則我不會得到尊敬，學生也不會得
到應得的教育，因為他們根本不聽課」。在我大學的時
候，我熱愛每位想要創造進步教學實踐的教授，我仍然
記得自己在上第一堂採用進步教學的課程時有多興
奮，教師改變我們的座位方式，從排排坐改為圍成圓
圈，讓我們可以看到其他人，這個改變促使我們承認他
人的存在，我們無法因為神遊而得到知識。現在的學生
則常會抗拒坐成一個圓圈，他們貶抑該項改變，因為基
本上，他們不想成為課堂的參與者。

Ron Scapp：

他們視此種實踐為虛有其表，而不是重要的教學轉變。

bell hooks：

他們可能會想：「為何我在你的課堂中必須這樣做，在
其他課堂不必如此呢？」即使我同時看到許多學生渴望
解放教學實踐，但面對這些抗拒解放教學實踐的學生，
還是令人沮喪的。

Ron Scapp：

即使是渴望、欣賞解放教學實踐的學生，發現自己抗拒
的原因是因為他們必須上其他的課，那些課程有固定的
開始與結束時間，教室內的規範都是權力的展現，沒有
持續對話的可能性。正如我們之前所說的，我們可以分
享我們對實踐的理解，來介入及改變抗拒。我告訴學生
不要以為非正式就是不嚴謹，而是要重視歷程。我以一
種非正式的方法教學，學生卻覺得他們只是可以站起

來、走出去、再進教室而已,並未因此感到自在舒適。
我提醒他們,在其他要求不出席就當掉的課堂中,他們
常溫順地順從獨斷的行為規則。

bell hooks:

上學期我在城市學院教學時,發生一件有趣的事。有天
我無法去上課而找了一位代課老師,她的想法比較傳
統、威權,學生相當順從她的教學方式。我回來上課後
問他們:「上星期的課怎麼樣?」學生們分享他們的感
覺,認為老師羞辱了一個學生,使用權力使其靜默。我
問:「那你們有沒有說些什麼?」他們承認自己只是沉
默地坐在那裡。這個事件使我看見學生的認知是如何根
深蒂固的,他們認為教授可以是、也應該是獨裁者。就
某種程度而言,他們認為我「命令」他們參與解放教學
實踐,所以他們服從我的決定。因此當另一位更威權的
教師進入教室時,他們只是照章行事。但解放教學論的
成功關鍵在於我們擁有省思行動的空間,學生可以反省
並捫心自問:「為何我們不能支持自己所相信的?為何
不能維持我們課堂的價值?我們只是順從她的解放實
踐觀點,還是本身就致力於此種實踐?」

Ron Scapp:

他們的答案不會受到習慣的影響嗎?

bell hooks:

強調習慣是很重要的,因為壓抑的習性變成一種規則,
以致於改變現存結構是如此困難。教育即自由實踐並非
只是解放的知識,也是教室中的解放實踐。這也是為何
我們之中有些人批評白人男性學者推動批判教育學,卻

未改變自己在教室中的教學實踐；批判種族、階級和性
別特權，卻未反省自己的行為。

Ron Scapp：

他們對學生說話、要求學生的方式，他們試圖控制、所
做的評論等行為，都強化了現狀。這會讓學生困惑，也
加深了負面印象，他們認為不論我們在課堂上讀了什
麼，這些人說了什麼，假如我們仔細看他們說的方式、
讚賞何人、如何與人互動，便會發現他們與其他人並無
真正的差異。這些行為破壞了解放教育學。

bell hooks：

我們又再次討論到，我們能否僅運用不同的課程內容或
從不同的基進觀點出發，就足以推翻教室中的傳統支配
形態。你和我不斷重複提到那些不同的、更基進的學科
並不能創造解放教學，反而是納入個人經驗的簡單實踐
比僅僅改變課程更具有積極挑戰性。那就是為什麼有人
批判經驗在教室中的位置性，他們認為教室變成「告解
式敘事」的場所。若你允許學生或自己去談論經驗，質
疑進步教育學的同事便會輕易地抹殺你的教授身份。但
分享與學術知識有關的個人敘事，的確能提升我們的認
知能力。

Ron Scapp：

當有人從自身經驗的觀點發言時，教室中便為了學生產
生某些事情，有時甚至是初次產生。聚焦於經驗讓學生
擁有據以發言的知識基礎。

bell hooks：

我的教學論文章中最常被誤解之處是對「發聲」的強

調。發聲不是只有敘述個人經驗的行爲，而是敘說的策略——發言，你便能自由地談論其他的主題，許多教授害怕的就是這個。上學期我在城市學院上黑人女性作家討論課時，遇到一個難題。在最後一堂課，我和學生談到他們各自帶了何種觀點進到教室，他們的發言告訴我，上我的課使他們害怕修習其他的課程。他們說：「你教我們如何批判思考、挑戰及對抗，且鼓勵我們發言，但我們如何運用到其他教室？沒有人想要我們在那些教室中發言！」這是教育無法促進自由的悲劇。而且州立大學竟比歐柏林或耶魯等大學更加擁抱壓抑的教育。在人文學院中，教授尊重任何想要發言的學生的「聲音」。在那些大學中，學生覺得自己被賦予權利——他們的「聲音」被重視。但在公立大學，學生大多來自勞工階級背景，進入了大學，教授卻認爲他們沒有什麼值得言說，在討論時也不會有任何有價值的貢獻。

Ron Scapp：

有時教授可能會表現出肯定個人的價值，但這卻只是做表面功夫而已。教授，甚至那些自以爲很開明的人，可能會認爲學生發言是很好的，但實際上卻貶抑學生發言的內容。

bell hooks：

我們願意聽 Suzie 發表意見，然後立刻拒絕她的觀點。這樣的行爲破壞了持續肯定學生發言價值的教學。好像在民主的歷程中，我們抹煞了學生的言論、他們的影響力與自我肯定。Suzie 的觀點不被接受，她就無法視自己爲有價值的說話主體。這不只影響她如何看待自己的個

人經驗，還有她如何審視他人的經驗，以及她如何回應
現存的知識。

Ron Scapp：

許多課堂都會出現這種循環。到最後每個人都心知肚
明，教師的聲音是唯一應該聽的。而且我們到現在都還
置身於這種循環，真的很誇張，我們都知道民主的聲
音，聲音的表達，最後產生保守的結論。即使學生在說
話，他們也不是真的知道如何傾聽其他學生的聲音。

bell hooks：

談到教學實踐，我們必須介入、轉變現存的教學結構，
並教導學生如何傾聽、如何聽到他人說話。

Ron Scapp：

所以教師的責任之一是去營造一個環境，學生可以從中
學習到，除了說話，尊重地傾聽他人聲音也是重要的。
這並非意謂我們只傾聽不批判或是教室開放到所有的
發言都被視為事實，而是指要嚴謹看待他人所說的話。
原則上，教室應該是一個嚴肅言說的地方──並非沒有
愉悅、沒有歡樂──但卻是嚴肅地思考問題。我注意到
許多學生難以把自己所說的話當成一回事，因為他們深
信只有老師所說的話才是重要的。即使有學生說了某些
話，讓教師稱讚是好的、有助益的、聰明的，學生仍只
是透過教師的認可來確認。假如教師沒有指出這是值得
注意的事情，很少有學生會注意到。我認為教師的基本
責任是能以身作則，展現嚴肅傾聽他人說話的能力。我
們對於學生發聲的討論，引起一連串關於沉默的問題。
在什麼時候，一個人會說某人不應該在教室中繼續發

言？

bell hooks：

> 我強調將個人經驗與學術連結的原因之一，是當學生愈能肯定自身的獨特性時，就愈能傾聽。所以我的教學策略是引導學生將注意力從我的聲音轉向其他人的聲音，這種情形最常發生在學生分享經驗以與學科知識連結的時候，在那之後學生就會記住彼此。

> 先前我提及，有溝通困難的教授無法教導學生如何溝通。許多批評教室納入告解式敘事或學生多為脫序討論的教授是可議的，因為他們欠缺促進對話的必要技巧。一旦在教室中開啟對話空間，便需善加安排，才不會陷入自說自話、無法將經驗連結到學科知識的困境中。有時我需要打斷學生的發言並說：「那很有趣，但如何將其與我們正閱讀的小說產生關聯呢？」

Ron Scapp：

> 許多人，包括學生與教授都相信，當他們與人談到鼓勵學生在課堂上發表意見時，只是贊同一般的非正式討論：每個人說自己想說的話、課堂沒有真正的方向或目的，只是想讓彼此開心而已。然而個人可以同時是批判而尊重的，一個人可以打斷某人的發言，且仍然能夠孕育出一個嚴肅的、尊重的對話。有人認為「給予學生自由」，就會產生混亂，不會產生任何嚴肅的討論。

bell hooks：

> 那是教育即自由的實踐所造成的差異。這種主張的基本假定是教室中的每個人能夠為自己的行為負責，這是起點──我們能共同為自己的行為負責，以營造一個學習

環境。教授常習慣性地認定學生無法為自己的行為負
責，如果不加以控制，學生就會脫序。

Ron Scapp：

或是亂成一團。教室中有一種放手或冒險的恐懼，當教
授放手時，不只學生可自由發言，教授亦是如此。教師
需要拋開拘束、自由地言說，就像學生所做的一樣。

bell hooks：

是的！那正是我在教育學文章中不斷重複提及的重
點。許多女性主義學者批評批判教育學，不贊成教室是
學生增能的空間之主張。然而，教室應是個充滿不同形
式權力的空間，那意味著我們教授應藉由與學生的互動
增能。在我的書中，我嘗試呈現自己的研究如何深受學
生在教室中所說、所為的影響。和他們相處，我在智識
上成長，更加理解如何分享知識，以及如何扮演好參與
者的角色。這是教育即自由的實踐與保守的囤積式教育
之主要差異，後者鼓勵教授們相信他們從學生身上學習
不到任何東西。

Ron Scapp：

這又回到你在交融教育學所強調的投入，知識份子，即
使是基進的知識份子，都必須小心避免在實踐時又回到
支配模式。假如我們最終又退回到囤積式教育的話，運
用解放的論述是不夠的。

bell hooks：

當我在學期初走進教室時，我的主要目的是建立我們的
目標，那就是共同參與的學習社群。這將我定位為一個
學習者，但並非意謂我未擁有較多權力，也不代表我們

在此是平等的。我想說的是,在致力於營造學習社群的
範圍內,我們都是平等的。

Ron Scapp:

沒錯!這讓我們回到了尊重的議題。當然,假裝彼此平
等是錯誤的觀念,因為教師是最終擁有評分權的人。在
傳統術語中那便是權力的來源,而判斷則是老師和學生
都會做的事。在教學成功的教室中,那並非是權力的實
際來源。解放教室的權力事實上就是學習歷程的權力,
就是建立社群的工作。

bell hooks:

身為教授,必須盡快突破的另一個困難是評估我們在教
室中的經驗是否有價值。我的課堂時常呈現新的典範,
並要求學生改變思維方式、考量新觀點。過去我常覺得
此種學習歷程是很困難的,它是痛苦且折磨人的。或許
在一年半載,甚至兩年之後,他們會明瞭所學的重要
性。那對我而言是相當艱辛的,因為我認為在囤積式教
育之下,教授希望學期末時,每個學生坐在教室填寫評
鑑問卷,以證明我是個「好老師」。這是一種美好的感
覺,無論是對我或對課堂。但在交融教育學的再概念歷
程中,我知道美好的感受並不是我們的目的,也許我們
很享受某些課程,通常這是不容易做到的。我們也必須
學習如何面對困難並視為智識發展的一個階段,否則接
受安適與美好的感受,可能會阻礙學生從困難的資料,
包括告解式敘事、書籍或討論,發展統整的能力

Ron Scapp:

真正基進的批判教師會意識到此點,即使他們的同事和

學生並不那麼重視它。有時必須提醒學生愉悅和辛勤工作是可並存的。教室中的時時刻刻不一定能帶來立即性的歡樂，但這並不排除歡樂的可能性，也不否認學習可能是痛苦的。有時也必須提醒學生和同事，痛苦和痛苦的情境未必會轉化為傷害。並非所有的痛苦都是傷害，並非所有的愉悅都是美善。許多同事在行經強調參與的課堂，看到學生上課時或哭或笑，認為那只是情緒的表達而已。

bell hooks：

假如那是情緒性的，便是種團體治療。很少有教授談論情緒在教室中的地位。在本書的緒論中，我談論自己渴望教室是個刺激的地方。假如我們封閉了情緒，如何對任何思想或觀點感到興奮呢？當我們將自己的熱情帶入教室中，我們集體的熱情會集結起來，會有情緒的回應，那是一種強大的力量。限制的、壓抑的教室禮式，代表沒有情緒反應的空間。不管情緒反應何時產生，許多人都相信自己的學術目的會因此而受影響。對我而言，這實在是扭曲知識實踐的概念，因為其基本假定為，要成為真正的知識份子，必須與自己的情緒做切割。

Ron Scapp：

或者，正如你指出的，那是另一個拒絕的實踐，一個人的完整形體和心靈在教室中是不被允許的。

bell hooks：

假如我們不只聚焦在情緒是否產生愉悅或痛苦，同時也聚焦在情緒如何使我們保持注意或警覺，則會注意到情緒促進教室內的學習。有時我走進教室時，學生似乎完

全提不起勁。我問他們：「怎麼了？今天大家好像無精打采，缺乏活力。我們應做些什麼？我們可以做什麼？」我可能會說：「很明顯地，我們所做的改變似乎還不能喚醒你的意識與熱情。」企圖讓他們更投入。通常學生會否認他們都感到索然無味。他們想要取悅我，或者不想變成吹毛求疵的人。在這種時候我必須強調：「我不是針對個人，讓課堂運作並不只是我一個人的工作，而是每個人的責任。」他們可能會回答：「這是考試時間」、「就是這種時間」、「這是春天的開始」，或「我們只是不想枯坐在這裡」。接著我試著說：「好吧，那麼我們可以怎麼做？我們如何讓課程更有趣？」解放教學實踐希望教授能接受改變既定議程的挑戰。一直以來，我們學會擬定課綱，並且不想更動。我剛開始教學時，假若進行方式與我的既定議程有所偏離的話，我會感到恐慌、有危機感。對於改變議程所感受到的危機就是擔心不能涵蓋足夠的教材。思考這個議題時，我必須縮小自我，也許我最想讓他們知道的教材未必就是學習。教授可以挑選對的教材，但如果學生不想接受，即使我們覺得已盡了責任，學生仍是一無所獲。

Ron Scapp：

強調教材的精確性又回到囤積式教育。那常發生在教師忽略課堂的氣氛、季節的氣氛，甚至是建築物的氣氛時。覺察出教室氣氛並關心這個氣氛，這樣的簡單行為可以喚起興奮的學習歷程。

bell hooks：

沒錯！那麼我們如何以該氣氛工作或是我們無法工作

時該如何處理?

Ron Scapp:

好的。我記得發生在某一課堂中的一個慘痛經驗。該堂
課因爲排課時間的問題而數度中斷,該門課的上下課時
間很奇怪,學生只好從這個教室換到另一個教室。這個
班級大約有 50 人,有一次,學生換到另一個教室時,
剛好噴射機飛過校園的上空。我抬頭看了看說:「今天
就到這吧。除非你們還想去其他地方,我無法再做任何
事了,我投降了。」我詢問課堂中是否有人想要接手討
論工作,但每個人都認爲這是沒有用的。最後,學生們
追在我後面問說:「你很沮喪嗎?你是不是對我們生氣
了?」我說:「一點也不,這像是個糟糕的球賽,你知
道的,第一局就已經 12 比 0,而且又下起雨了,今天就
到此爲止吧」!

bell hooks:

那將我們帶回評分問題。許多教授不允許教室中出現未
受引導的想法,因爲他們擔心偏離既定課程會影響評分
過程。一個更有彈性的評分過程必須配合轉化的課堂,
重視卓越,標準很高但不是絕對且固定不變的。

Ron Scapp:

在我教授的大部分課程中,我採取觀察者的姿態,觀察
和評量學生完成的工作。

bell hooks:

當你承認我們是觀察者時,意謂我們是教室中的工作
者,爲能好好從事這項工作,我們不能只是站在學生的
前面說話,假如我要知道學生是否正在參與,我必須要

傾聽、必須要記錄、必須超然思考。我要他們這樣想：「我在這裡的目的是學習，並且要盡全力去學習。而在這麼做時，我不用去擔心成績，因爲我若是盡全力的學習，結果便會反映在我的成績上」。我試著和學生溝通，他們能藉由在教室中的努力而掌握自己的成績。

Ron Scapp：

這的確很重要。許多學生覺得他們無法正確評鑑自己的工作，因爲其他人會決定他們工作得多努力或多好，故而會貶低自己的努力。我們的工作是使學生增能，使他們發展適切評估自我學業成長的能力。

bell hooks：

一般認爲好成績與恐懼失敗極爲相關，進步主義教學試圖消除師生的恐懼。當我憂慮自己不是「好」老師時，我發現自己努力要打破好／壞的二分。對我而言，把自己想成願意在教室中領受成敗的進步主義教師，是更有用的。

Ron Scapp：

當我們提到某人是「好」老師時，我們是指他能全心全意、深入地投入教學的藝術。

bell hooks：

那使我想到入世佛教，其與正統的佛教並駕齊驅。入世佛教強調參與和投入，特別是投入一個超越自己的世界。交融教育學是談論解放教學實踐的極佳方式，強調我們要活在當下，記住每個教室都是不同的。我們對教室的傳統想法剛好相反──即使學生是不同的，教室總是一個樣。學年開始時，同事們坐在一起常會抱怨這種

同質性，好像教室是一個靜止不動的地方。對我而言，
參與的教室是一直變動的。然而這種主張對支配的制度
化運作造成威脅。當教室是真正參與時，它是動態的、
流動的，它總是變動不居。上個學期，有一門課結束時，
我好像踩在雲端，那是一門很棒的課程。他們最後理解
他們的想法不必跟我一樣，我不是在教室中複製我自
己。他們感受到參與，感受到批判思考，對教室內的知
識活動感到興奮。在另一個學期，卻有一門令我討厭的
課，我甚至討厭到早上不想起床去上課，夜晚也無法入
眠，因為我非常討厭它，害怕因此而睡過頭。那是早上
八點的課，那門課並沒有發生效用。我對這個經驗難以
忘懷的原因，是我們未能在教室中創造學習社群，那不
代表學生沒有學習成果，但以創造學習的公共脈絡的觀
點來看，卻是失敗的，這個失敗讓我心碎。我難以接受
自己無法控制教學前進的方向，我在想：「我可以做什
麼？我已經做了什麼？」我不斷提醒自己不能唱獨角
戲，因為教室中還有其他 40 個人。

Ron Scapp：

我們談了許多對教室中時間的看法。當新學期開始，我
知道這是最重要的時刻之一，不管它是否為一種例行的
儀式，這是一種真實的興奮。在每個學期的開始，我試
著利用這樣的興奮來深化及豐富教室的經驗，我想要讓
學習興奮持續一整個學期。交融教育學的教師知道，即
使是在最壞的環境，人們仍會去學習。人們的確會去學
習，但我們想要的不只是學習。就好像即使在最壞的環
境中，人們也能生存，但我們感興趣的不只是生存。

bell hooks：

> 沒錯。那就是為什麼我會這麼喜歡「教育即自由的實踐」
> 這句話。不管是交融教育學的課堂與否，學生都會學到
> 東西。我記得曾修過一門由嚴重酗酒的教授所開的課，
> 他是個悲劇人物，上課常常遲到，而且走路跟跟蹌蹌，
> 但從上課內容中仍可獲得一些東西。那是個可怕的經
> 驗，當我們假裝沒看到時，我們就成為教授酗酒的共
> 謀。這個例子使我再次想到我們看待教授身體與自我的
> 方式。即使他酒醉失足、上課內容重複，我們也不會告
> 訴他，因為我們不想瓦解他的權威、他的形象，這就是
> 一種共謀的行為。

Ron Scapp：

> 共謀的行為常常發生，因為教授和學生同樣害怕去挑
> 戰，因為那意味著要面對更多的工作。交融教育學是會
> 令人筋疲力盡的。

bell hooks：

> 部分是人數的問題。修課人數過多的情形下，即使是最
> 棒的交融教育學課堂，也會面臨失敗。這是我教學生涯
> 中的一個問題，當我愈來愈致力於解放教學實踐，我的
> 課堂人數也就顯得太多了。教學實踐因學生過多，而被
> 破壞。不想發生這種情形，就要限制修課人數。太過擁
> 擠的課堂就像過於擁擠的建築物──結構可能會崩塌。

Ron Scapp：

> 採用你的建築物隱喻，你雇用某人維護建築物。這是個
> 很棒的工人，做了所有該做的事，嚴謹而負責。但建築
> 物的擁有者卻讓建築物負荷過重，使得建築物的每個系

統──從污水管到廁所、垃圾，每樣東西都負荷過重。
這個工人最後會精疲力盡，即使做了很多工作，建築物
看起來仍舊骯髒、維護不善。以大學的觀點來看，我們
必須理解，假如我們全心全意投入交融教育學，我們會
增加很多工作。最後，我們會精疲力盡，因為解放教學
實踐未獲得大學長久的支持。

bell hooks：

這的確一直困擾我。一旦交融教育學的教室變得更擁
擠，它成為娛樂場所的風險也愈大。當這樣的情形發生
時，教室潛在的轉化力量便被削弱了，而我對教學的承
諾也被破壞了。

Ron Scapp：

我們不能讓教室變成娛樂場所。這代表我們抗拒「明星」
地位，抗拒扮演表演者的角色。我認為，教授變成名人
的缺點之一是會吸引某些人來教室觀看，而不是來參
與。那是我們文化中有關名人本身的一個問題，但個人
可以拒絕單純地被觀看。

bell hooks：

當教授擁有明星地位、偶像地位，學生不再只是因為渴
望參與而來上課，有些人來看 bell hooks 表演。那些來
看「明星」的學生常會投入自我檢視反思，因為他們想
要取悅我，也有人是來挑戰我。理想上，想要成為「信
徒」的學生會主動參與，而開始轉化。缺乏這樣的條件，
想要創造一個學習社群是相當困難的。教室不是為了明
星而存在，它是學習的地方。對我而言，明星地位會因
為我希望它不存在而擴散。讓我們談談改變自己專業的

方法。我認爲假如教授不要一直在同類型學校教學的話，我們的教學實踐就能提升。即使我對教學有基進的承諾，我對於在不同學校教學，仍會感到害怕。我害怕長時間待在富裕的私校，教導那些進入大學之前已享受過優勢的教育支持的學生之後，便無法在不同場域中實踐交融教育學。來到城市學院教書，這個學校有許多來自非特權背景的學生，對我而言一直是持續的挑戰。剛開始我感到很害怕，這種恐懼提醒我必須轉化思考，想想要如何改變自己、身爲教授要如何做，這樣的思考可以因脈絡而改變。

在學生背景多樣化的學習脈絡中，教學歷程裡一成不變的想法不斷被挑戰。在城市學院的上學期，我的文學課中有 15 個黑人學生，其中只有一個是非裔美國人，其他都是來自不同地方的非裔加勒比海人，所以我必須改變我對黑人經驗所抱持的某些假定。這些學生大都意識到美國之外那個文化根源的家，這樣的經驗與認知的確影響他們閱讀文本的方式。教育過程的工廠模式從來不鼓勵教學實踐的轉變。

Ron Scapp：

我們才剛談論到名人的缺點，但是在專業中擁有某種程度的認可與名聲的好處之一，是可以比較容易轉換學校。

bell hooks：

那就是爲什麼我覺得創造一個大家都能移動的教育結構，會是一件令人振奮的事。我將教授移動的能力視爲維持其工作興奮的基本要素。

第十章
教學社群的營造──對話

Ron Scapp：

是的！多數人都不是名人，我們多數都沒沒無名，但仍有移動的方式，只是我們用不同的方式移動。例如，假如你是教授，便可以有休假，而當你無法賺得同樣的錢時，你會選擇不同的工作、不同的場域。

bell hooks：

在其他不同場域中的工作，可能會提升我們的教學能力。假如我重新設計我們的教育制度，那將是可能的。

Ron Scapp：

即使在大學場域的脈絡中，個人──教師、教授可能會問：「我還能做些什麼？」像我任教的皇后學院，是個擁有 17000 人的社群，比美國許多城鎮都還大。

bell hooks：

是歐柏林學院規模的兩倍。

Ron Scapp：

這 17000 人來自不同的地方，說著 66 種語言，每個人有不同的生命經驗。可是許多教授會說：「假如我還能做些什麼，我會去做。」這引發了教師教學負擔的問題，在大學裡，我們可以減課或是降低授課總時數、從事不同計畫，讓教師有時間從事課堂以外的教育工作。大學必須開始體認，學生的教育不是只有教室時間而已，還有更多的事情可以做。

　　我們的學生多數都有打工，一星期約 20-40 小時，但他們不只是賺取生活所需而已，教室只是在固定的時間與位置，讓教師能夠和學生共同參與。這些學生屬於整個校園以及校園以外的社群，教師可以做許多不同的

事，可以不同方式和學生共同參與。

bell hooks：

一點也沒錯！我想到我曾為學生在教室外創造支持團體。

Ron Scapp：

我們可以採用多種方式建立學習社群。例如在班森赫斯特（Bensonhurst）和霍華海灘（Howard Beach）事件[21]發生之後，這兩個都是非裔美國人被白人殺害的事件，皇后大學的處境頗為為難，因為我們有來自這兩個地方的學生，似乎該開始一些對話。有一群學生，其中有些不是在我課堂的學生，而是我學生的朋友，環坐在咖啡館的桌子便開始討論。之後皇后學院有整整一年關於種族的圓桌討論會，討論關於暴力、尊重、男人如何對待女人的議題──所有重要的議題。我認為此有助於創造教室中的學習社群，這和源自傳統組織架構產生的對話是不同的。我並未因此而減少授課時數，學生一開始並未獲得學校的任何認可。我問過我的系所：「我們是否可以開設獨立研究的課？」我們稱這門獨立研究的課為「種族哲學」。第一學期是沒有成績，但有收穫的；第二學期如同第一學期般做了很多事，但這次學生自己對這些議題的思考得到了學校的認可。這不只是「教室移

---

[21] 譯注：霍華海灘事件發生在 1986 年 12 月 20 日，三個非裔美國人在霍華海灘被當地的白人青年襲擊，其中一名受害者在逃跑的過程中，被行經的車輛輾斃。班森赫斯特事件發生在 1989 年 8 月 23 日，16 歲的 Hawkins 在紐約布魯克林區的 Bensonhurst 被誤殺，肇事的白人被判無罪開釋，非裔美人抗議未被正義的對待。這兩起事件在當時引發美國族群的緊張關係。

到咖啡館」的另一個例子。我不是在談論所謂跨界的懶人主張，你知道的，像「今天天氣很好，讓我們去外面上課吧！」在我們創造教室外的空間來做嚴肅的討論時，有些其他事情會持續進行。所以教師不必是名人或明星，去做不同於其工作的事。在教室外教師有更多的事情可以做，雖然每個老師會說：「是啊！這些工作就是評分、參加系務會議」等等，但除此之外還有其他事情。

bell hooks：

我希望學校能理解教師需要有遠離教學的時間，不一定是休假一年去寫書，也可以是兩年、三年。因為我們有這種需求，所以我想如果我們可以留職停薪休假兩、三年，而在該時間可讓其他失業的人從事該工作的話，為什麼不能鼓勵這樣的做法？——許多教授對交融教育學並不熱衷，因為他們害怕「被掏空」。我教學已近 20 年，現在是第一年休假——無薪休假——但卻是我第一次真正休息。我覺得缺乏休息時間會影響我的教學。工作共享及工作轉換必須受到重視，以求創造一個可持續實踐交融教育學的環境。

Ron Scapp：

這個觀點讓許多教師感到害怕，他們憂慮要更投入、做更多事，而樂趣將會減少。交融教育學的教師意識到個人的生活也重視與他人的參與，傳統教師會將這種認知轉變為他們的隱私權，所以一旦被授與教授終身職，他們便抽離了，教授終身職提供給我們隱藏的機會。

bell hooks：

> 而那最終將我們帶回到自我實現的境界。假如教授受到傷害、尚未自我實現，他們會在大學殿堂尋找庇護所而非讓大學殿堂成為一個挑戰、對話交流和成長的地方。

Ron Scapp：

> 這是今日教育的悲劇之一，我們有許多人並未體認到成為教師就是要與人相處。

第十一章

語言──
教導新世界／新文字

　　如同慾望一般，語言造成混亂，拒絕被侷限在疆界之中。它掙脫我們的意志，以文字和思想闖入，甚至侵犯了我們身心最私密的空間。大一時我讀了 Adrienne Rich 的詩──「燒了是紙不是孩子」（The Burning of Paper Instead of Children）。這首詩反對支配、種族主義和階級壓迫，企圖生動地說明停止政治迫害和嚴刑拷打是比媒體審查制、焚書更重要的議題。這首詩的一句話感動也擾亂了我的心：「這是壓迫者的語言，但我需要它來向你說話」。我永不曾忘記，或許我不可能忘記，即使我試著將這句話從記憶中抹去。文字本身會強化自己，根植在我們的記憶中，對抗我們的意志。這首詩的文字在我的記憶中產生了生命，使得我無法將其磨滅或改變。

　　當我發現自己正在思考語言的問題時，這些文字就在那裡，好像在等著去挑戰和幫助我。我發現自己跟著詩的強度，一遍又一遍地默念著它們。詩句震撼了我，讓我意識到語言與宰制的連結。最初，我抗拒「壓迫者語言」的觀念，認為

這個概念削弱我們學習說話的能力，削弱我們宣稱語言是讓我們發展主體性的地方。Adrienne Rich 說：「這是壓迫者的語言，但我需要它來向你說話。」在我首次讀到這些文字時，以及現在，它們使我聯想到標準英語，使我聯想到學習反對黑人母語，反對難民殘破不堪的語言。標準英語不是流亡者的語言，而是征服和支配的語言；在美國，它是個隱藏許多流失方言的面具，我們永遠不會聽到那些多元的、本土社群的聲音，如嘎勒語（Gullah）[22]、意第緒語（Yiddish）[23]，和其他許多被遺忘的方言。

反思 Adrienne Rich 的文字，我知道不是英語語言本身傷害了我，而是使用它的壓迫者，他們如何型塑它成為限制與定義的領域，他們如何使它成為可以羞辱、欺壓和殖民的武器。Gloria Anzaldua[24]在《邊界》（ *Borderlands ╱ La Frontera* ）這本書中提醒我們這種痛苦，她說：「所以，假如你想要真正地傷害我，就詆毀我的語言吧！」我們對難民、被奴役的、或自由的非洲人，違背自由意志被帶到美國，失去自己的母語，學習英語的感受，所知甚少。身為女人，我開始思考這些黑人和語言的關係，思考他們被迫見證語言被殖民的歐洲文化扭曲意義所受的創傷，因為在歐洲文化中無法被言說的外國聲音成為不合法的語言、反叛的言語。當我明白美國白人花了多久時間去承認原住民的多樣語言，接受其先祖殖民者宣布只有咕噥不清或胡言亂語才是真正的語言時，很難不

---

[22] 譯注：居住在喬治亞州和南卡羅納州的黑人所說的語言，是一種帶有西非語法和語彙的英語。

[23] 譯注：猶太人使用的語言，是德語及希伯來語的混合語言。

[24] 譯注：Gloria Evangelina Anzaldua（1942-2004）是墨西哥裔美國人，為女同性戀女性主義作家、詩人、學者和社會行動者。

在標準英語中聽到屠殺和征服的聲音。我想到無家可歸的非洲人的悲傷，他們被迫居住在這樣的世界：看到和自己相像的人、和他們有著同樣膚色、同樣的處境，但卻沒有共享的語言，反而需要使用壓迫者的語言來交談。「這是壓迫者的語言，但我需要它來和你說話」。當我想像非洲人在奴隸船上、拍賣街上、陌生農場中的恐懼，我想此種害怕超越了懲罰的恐懼，而且這樣的恐懼也存在於聽到無法理解的語言之中，英語的聲音令人感到害怕。我想到黑人在遠離多元文化及語言，而區分自己與他者的空間中，彼此相遇時，因環境所迫而須找到在「新世界」和他人說話的方式，個人的深黑膚色及語言都不會成為連結的空間。如何記取並在腦中再度喚起此種恐懼？如何描述非洲人之間以共享語言及歷史深度連結，突然被轉移到一個抹煞他們母語意義的世界之中的情形？

我想像他們聽到英語就如同聽到壓迫者的語言，但他們也明白他們需要擁有、使用這種語言以作為一種抗拒的空間。在他們明瞭被殖民者所說的壓迫者語言也可以是連結彼此的空間時，會是多麼歡欣，因為有了這種認知就等於理解到私密性是可以恢復的，抗拒的文化可以形成，奴役的創傷可以平復。那麼，我想像，非洲人最初聽到英語是「壓迫者的語言」，接著再聽到時會以其為抗拒的潛在根基。學習英語，學習去說外國的語言，是被奴役的非洲人開始在支配脈絡中重申個人權力的一種方法。擁有共享的語言，黑人可再找到形成社群的方式，以及抗拒所需要的一種創造潛在凝聚力的工具。

非州黑人雖然需要壓迫者的語言來和他人說話，但他們

也重新塑造語言來超越征服與支配的疆界。在非洲黑人口中所謂的「新世界」中，英語被改變、轉化，成為一種不同的語言。被奴役的黑人則以片段的英語來組成一種反動語言，他們以此種方式結合文字，使得殖民者必須再思英語的意義。雖然當代文化談論黑奴創作音樂裡浮現的抗拒訊息，已相當常見，特別是靈魂樂，但卻極少說到這些歌詞的文法架構。通常，歌曲中所使用的英語反映了奴隸們損毀的、破碎的世界，當奴隸唱著「完全沒有人知道我看見的困難」──比起使用「沒有一個人（no one）」這個語詞，他們對「完全沒有人（nobody）」該字的用法添增了更豐富的意義[25]，因為奴隸的身體正是遭受苦痛之處。即使被解放的黑人唱靈魂樂時，他們也並未改變祖先的語言及句子結構。因為字彙的誤用及錯置是一種反抗的精神，語言就是抗拒基地。因為我們已打破英語的標準用法及意義，所以白人常無法理解黑人的語言，使得英語不再只是壓迫者的語言而已。

另一個牢不可破的連結存在於被迫流落異國的黑奴之破英語及今日一般黑人所使用的黑人方言之間。在這兩個例子中，標準英語的破碎使得抗拒或反抗成為可能。藉由轉變壓迫者的語言，形成一種抗拒文化，黑人創造了一種親密的言說，比起在標準英語的疆界中可說得更多。此種言語的力量不僅能夠抗拒白人的優越感，也熔煉出另類文化及另類知識論──有助於創造反霸權世界觀的不同思維及認知方式。黑人方言的革命力量不能在當代文化中消失，這是非常重要的，這個力量存在於黑人方言滲入標準英語之限制與邊界的

---

[25] 譯注："no one" 與 "nobody" 皆是「沒有人」之意，但是 nobody 還有「無足輕重之人」之意，正可以代表非裔美國人的處境。

能力。

　　在當代黑人通俗文化中，嘻哈音樂成為黑人方言吸引優勢主流文化去傾聽、聆聽，且就某種程度而言是轉化的空間之一。然而，此種文化轉化的風險之一是會將黑人方言通俗化。當年輕白人小孩暗示這是愚笨者說的話，或是他們只是因為消遣或好玩而以感興趣的方式，模仿這種語言時，語言的力量便受到破壞。在學界的教學及寫作的氛圍中，很少努力去利用黑人方言，或是標準英語之外的任何其他語言。當我在教授黑人女性作家的課堂中詢問不同族群背景的學生，為何我們在教室中只聽到標準英語時，他們一度說不出話來。雖然他們有許多人將標準英語作為第二或第三語言，但是在他們身上從未發生過使用其他方式、其他語言說話的機會。難怪我們會繼續思考：「這是壓迫者的語言，但我需要它來和你說話」。

　　我明白自己處於與黑人方言失去關係的危機中，因為我太少在自己身處的白人優勢場域中去使用它，無論在專業上和社交上皆是如此。所以我開始致力於將我成長所聽所說的特殊南方黑人方言整合到許多場域中。最困難的是黑人方言的書寫方式，特別是用於學術期刊上。當我開始將黑人方言融入到我的論文時，主編卻把我的語句改成標準英語。這意謂著假如某人希望觸及更廣大的閱聽者，則必須將方言轉化為標準英語。在教室中，我鼓勵學生使用母語並翻譯，這樣他們就不會覺得追求高等教育使他們離最熟悉的文化與語言愈來愈遠。一點也不令人訝異地，當修習黑人女性作家的學生開始在教室中使用不同語言表達時，白人學生常會抱怨，對這種情形，我一點也不訝異。白人學生特別感到困擾，因

爲他們雖聽到詞彙，卻不能理解這些詞彙的意義。在教學上，我鼓勵白人學生將此種不能理解他人所言的時刻，視爲一種學習的空間。這樣的空間不只提供了傾聽的機會，沒有優越感，也不需透過轉譯來擁有語言，同時也提供了聆聽非英語詞彙的經驗。這些經驗在一個仍爲白人優越的、以英語作爲噤聲和檢視的武器之多元文化社會中，似乎特別重要。June Jordan 在《召喚》（*On Call*）[26]中提醒我們注意這個現象，她主張：

> 我正在談論民主國家中語言的重要問題，它是一種貨幣，被人偷取並藏匿，再將其同質化爲正式的「英語」，只能表達無稽之事或謊言。假若我們住在民主國家，我們的語言會在所有常見的美國人名中，會在每個參與的聲音中，衝撞、飛翔、咒罵和吟唱。我們不會容忍強勢的語言而失去對文字的尊重。我們的語言要能反映真實的自我，並且讓語言引導我們進入民主國家權力平等的境界中。

黑人女性作家課堂上的學生都壓抑著說英語之外的語言的渴望，卻未將此政治性的壓抑視爲是我們不自覺地順從優勢文化的行爲。

近來多樣性和多元文化主義的討論，傾向忽略語言問題。批判女性主義的作品聚焦於差異及聲音的議題，形成了重要的理論，這些理論呼籲我們那些總是認可靜默的、受監視的或邊緣者的聲音。此種認同與歡迎不同聲音、不同語言的呼籲，必定會瓦解標準英語的優勢地位。當女性主義者一

---

[26] 譯注：June Jordan 是美國詩人、散文作家以及社會評論家。On Call 這本書是關於政治方面的文章。

開始提到對參與女性運動的渴望時，並未討論到語言。其僅
假定標準英語仍爲傳遞女性主義思想的主要工具。現在女性
主義的書寫及敘說的聽眾已經變得更加多元，很明顯地，我
們必須轉變思考語言的傳統方式，創造英語或黑人方言以外
的語言能夠發聲的空間。這意味在講演或在文字創作中會出
現破碎的語句，可能不是每個人都能了解的。轉變我們對語
言的看法及我們如何使用它，會改變我們的認知方式與內
容。在一場講演中我可能使用南方的黑人方言，特別是家鄉
的方言，或者我在淺顯易懂的演說中使用抽象的思考，來回
應多元的聽眾，我們未必需要聽懂整個內容，亦即我們不需
要「精通」或理解整個敘事，我們可以只知道片段就好。我
建議我們可以從沉默的空間及言說的空間來學習，在耐心傾
聽他人說話時，我們會推翻資本主義狂熱與強調立即滿足慾
望的消費文化，或者我們會瓦解暗示只有說標準英語的人的
話才值得聽的文化帝國主義。

Adrienne Rich 以下列文字作爲詩的結語：

我正在深夜敲著打字機，思考今日的事。我們的英語說得
多麼好阿，語言是我們失敗的地圖。Frederick Douglass 寫
的英語比 Milton 的還要純正。人們常感到匱乏，雖有解決
方法但我們卻不使用。Joan 是個不識字的人，說著粗俗的
法文。有些困境是：說實話並不容易；這就是美國；我現
在無法感動你。在美國我們只有現在式。我處於危機；你
處於危機。即使焚書也不會激起我任何感覺。我知道被燒
傷會痛。汽油彈引燃的大火正在馬里蘭州的凱敦斯維爾熊
熊燃起。我知道被燒傷會痛。打字機已經過熱了，我的嘴

正在燃燒，我無法感動你，而這就是壓迫者的語言。

　　在相信熱情的經驗是不需要尊嚴以及自我貶抑的社會，要承認我們能以語言感動他人似乎特別困難，因為在西方形上學的二元論中，觀念總是較語言更為重要。為了治療心身分離，我們邊緣化並壓迫那些想要在語言中找回自我及經驗的人。我們尋求創造親密的空間，因無法在標準英語中發現這樣的地方，我們創造了破碎的、毀壞的、難駕馭的方言。當我需要說話去反映或說明支配的現實時，我會說黑人方言。在這樣的位置上，我們讓英語去做任何我們想要它做的事。我們使用壓迫者的語言並轉而讓它對抗自己。讓我們的文字成為反霸權的言說，在語言中解放自己。

第十二章

正視教室中的階級

　　在美國，人們很少談論階級，沒有其他地方會比教育場域更不敢提及階級差異的事實。值得注意的是，階級差異在教室中尤其遭到忽視。從小學開始，我們全都被鼓勵去跨越教室的門檻，並且相信我們正進入一個民主的空間——一個自由的區域，在其中探究與學習的慾望使我們全都平等。即使我們在進入教室時，都已接受階級差異的事實，但是，我們當中的多數人仍然相信知識將以公平且平等的方式被分配。在少數的情況中，人們承認學生與教授並未享有相同的階級背景，但是，他們仍相信我們晉身成功的階梯直至頂端的機會是平等的。儘管我們當中的多數人不會到達頂峰，但是，我們將會在頂峰與底部之間的中間地帶佔有一席之地。

　　我來自於物質不富裕的勞動階級貧窮背景，我一進大學時，就已敏銳地察覺階級問題。當我收到史丹佛大學的錄取通知時，我家人所提出的第一個疑問是：我如何支付學費？我的雙親雖然知道我已經獲得獎學金，並且可以申請貸款，但是他們想要知道我的交通、服裝與書籍費用從哪裡來。這些問題讓我一進入史丹佛時，就認為階級與物質富裕程度有關。但是不久，我就瞭解階級不只是金錢的問題，它還型塑

價值觀、態度與社會關係，以及那些影響知識被給予與接收方式的偏見。在 Jake Ryan 與 Charles Sackrey 共同編輯的《天堂裡的陌生人：來自勞動階級的學者》(*Strangers in Paradise: Academics from the Working Class*) 一書中，來自勞動階級背景的學者就一而再、再而三地提到對於學界中階級問題的認知。

在我就讀大學期間，一項默認的假定是：我們全都認為不應該談論階級，並且不批評任何型塑與影響教室中教學過程（以及社會成規）的中產階級偏見。雖然沒有人曾經直接指出我們行為舉止應遵守的規範，但是處事的典範教導了這些準則，獎勵系統也強化了這些規範。由於沉默及遵守權威最受到獎勵，學生因而學到這就是教室中的適當舉止。高聲吵鬧、生氣、情緒爆發，甚至是毫無節制的大笑這類似乎無傷大雅的舉止，都無法被接受，被視為是對班級秩序的野蠻破壞。這些特質也與較低階級的成員連結在一起。一個不是來自特權階級的人，一旦接受與特權階級相似的舉止，將有助於個人地位的提昇。於是，學生為了被接受，自然會吸取中產階級的價值觀。

教室中的中產階級價值觀創造出一種界線，阻礙對立與衝突的可能，並且避開異議。學生一旦接受了這種不論付出任何代價，都得維持秩序的階級價值觀之後，他們的聲音就會被壓制下來。維持秩序的執著，與害怕丟臉、害怕不被教授與同儕認同的恐懼結合起來以後，產生建設性對話的可能性就逐漸降低了。儘管進入「民主」教室的學生相信他們擁有「言論自由」權，但是，多數學生對於這項權利的運用仍然感到不自在，特別是當他們必須表達格格不入或者不受歡

迎的想法、觀念與感受時。這種審查過程只是中產階級的價
值觀過於干涉教室中的社會行為,以及阻礙觀念的民主交流
的一種方式而已。Karl Anderson 在《天堂裡的陌生人》中名
為〈旁觀者〉的部分,自述經驗時坦言:

> 我發現在我的研究所中,主宰一切的是權力與階層體制,
> 而非教學與學習。「知識」是能勝人一籌的辦法,沒有人否
> 認這項事實……我學到的一件事是言論自由與思想自由是
> 不可分離的。但是我以及我的一些同儕,往往失去了談論
> 或詢問一些會被視為「毫不相干的」問題的機會,尤其是
> 在教師不願意討論或回應這些問題時。

那些進入大學之後,不願意毫無異議地接受特權階級的價值
觀的學生,往往被下封口令,並且被視為麻煩製造者。

在當代大學場域中,保守的審查制討論(conservative
discussion of censorship)時常暗示建設性對話的匱乏以及強
制保持沉默是質疑標準知識、批判宰制關係、顛覆中產階級
偏見的進步努力過程中的副產品。人們很少或根本沒有討論
特權階級的態度與價值觀,究竟是如何透過教學策略強加到
每個人身上的。這些偏見如何反映在教材的選擇與觀念分享
的方式上,從來不需要公開說明。Karl Anderson 在他的論文
中提及,沉默是「中產階級生活中最具壓迫性的面向。」他
直言:

> 它要求人們閉嘴,除非他們代表權力所在之處。自由主義
> 者所鍾愛的「觀念」之自由市場,就像石油或汽車的自由
> 市場之幻想一樣;但它卻是一個有害的幻想,因為它產生

> 更多的偽善與犬儒主義。就像老師可以控制他們在教室中所說的話一樣，多數人對於什麼將被獎勵或懲罰，也擁有超級敏感的觸角。而這些觸角控制了他們。

中產階級的價值觀所強制的沉默，被教室中的每個人所認可。

即便是那些擁抱批判教育學的教授們（他們當中有許多人是白人男性），仍然以一種強化中產階級行為的模式與學生互動。同時，教室中使用的教材，可能反映出批判宰制的觀點，強調瞭解差異政治、種族、階級、性別的重要性，但教室內的互動仍然是傳統的、一如往常的。

當女性主義運動在大學出現時，開始批判傳統的教室互動，以及試圖創造出另類教學策略。然而，當女性主義學者努力使婦女研究成為行政人員與同儕所尊重的學科時，觀點上就產生了轉變。

重要的是，女性主義教室是我在大學中遇到第一個試圖承認階級差異的空間，但是焦點通常在關心階級差異如何被架構在社會結構中，而非置於班級的角度上。焦點擺在父權社會中的性別特權上，就代表認定女性是經濟上被剝奪的，因而較可能是貧窮的或勞動階級的處境。女性主義教室時常是來自於經濟弱勢的學生（多數為女性）願意從自身階級立場發言的唯一地方，承認階級對我們社會地位造成的影響，並且批評女性主義思想中的階級偏見。

當我首次進入大學場域時，我感到與這個新環境的疏離。就像我的多數同儕與教授一樣，我原本相信那些感覺是因為種族與文化背景的差異所造成的。然而，隨著時間過去，我更愈來愈清楚發現，這個疏離感一部分反映了階級的差

第十二章
正視教室中的階級

異。在史丹佛大學，我時常被同儕及教授問道我是否領有獎學金。這個問題背後的涵義是：接受經濟資助在某方面上就「貶低」了那個人。除了這個經驗，還有其他經驗不斷強化我的階級差異意識，例如以特權階級的經驗（通常是中產階級的經驗）作為普遍的規範，這不僅將我們這些來自於勞動階級背景的人特別區隔，並且將我們排除於討論、社交活動之外。勞工階級背景的學生為了避免疏離感，他們同化於主流之中，或者改變說話的模式、參照的標準，甚或戒除任何可能會顯示他們來自不利背景身份的習慣。

當然我進大學是希望大學學位能夠提昇我的階級流動性，但是我只是從經濟的角度來思考這件事。早先我並不瞭解階級不只代表個人的經濟地位，它同時也決定了價值觀、觀點與興趣。人們假定來自於貧窮或勞工階級背景的學生，都會自願放棄與此背景相關的所有價值觀與習慣。我們那些來自多元族群／種族背景的人，瞭解我們的母文化不可能在菁英場域中發聲，對於那些母語非英文的人而言，尤其如此。那些堅持不使用符應特權階級風格說話的人，總被視為不速之客。

要求勞工階級背景的人放棄他們過去生活的點點滴滴，將會造成心理上的問題。如同今日的許多學生一樣，我們被鼓勵背叛我們的階級根源。如果我們選擇同化，就會被獎勵；如果我們選擇維持原有的生活方式，我們就會被疏離，有些人並且時常被視為是外人。我們有些人藉由堅持那些被清楚標示為背離中產階級規範的誇大行為來造反。在我學生時代，以及現在身為教授，我看見許多來自於「不受歡迎」階級背景的學生無法完成他們的學業，這是因為達成大學「成

功」的必要行為與他們在與家人或朋友相處時感到自在的行為，兩者之間存在太大的矛盾所致。

在我所教導來自於貧窮的、勞動階級背景的學生中，非裔美國人最能夠對於階級議題直言不諱。他們一方面想要在大學表現符合白人、中產階級的行為模式，一方面想要保持原有的行事方式，這樣的緊張與壓力讓他們感到挫敗、生氣與悲傷。我從自身的經驗出發，與他們分享處理這項難題的策略，我鼓勵學生拒絕接受他們必須在這兩種經驗中抉擇的說法。他們必須相信他們能夠自在地在這兩種不同的世界中生活，而且使每個空間都成為舒適自在的環境。他們必須創造出跨越邊界的方式，他們必須相信自己有能力改變他們所進入的中產階級場域。來自經濟弱勢背景的學生時常採取被動的立場──他們就像受害者，彷彿只能以違背自我意願的方式行動。最後，他們認為自己只能拒絕或接受強加在身上的規範。這種非此即彼的想法時常讓他們感到失望及失敗。

在大學裡，我們這些來自勞工階級背景的人，一旦承認自己的能動性、在教學過程中成為主動參與者的能力時，我們就被增能了。這個過程絕非簡單或容易的：抱持存在的整體性觀點是需要勇氣的，這個觀點並不像資本主義主張為了獲得甲必須放棄乙的觀點。Ryan 與 Sackrey 在他們名為《階級流動與內化衝突》（*Class Mobility and Internalized Conflict*）一書的緒論中，提醒讀者「學術工作的過程實質上是與勞工階級敵對的，大多數學者活在不同的文化世界中，過著與勞動階級不同或相反的生活」。但是我們這些來自勞工階級背景的人，無法允許階級對立妨礙我們獲得知識、學位，以及享受高等教育的自我實現。我們可以建設性地使用階級對立來

顛覆並挑戰既有的結構，而非用以強化勞工階級背景的學生
與教授都是「外來者」與「闖入者」的這個說法。

　　我在史丹佛大學上婦女研究的第一門課時，白人教授是
以物質上享有特權地位的白人女性為標準，來談論女性。對
我而言，挑戰這種深具偏見的假設，維持了個人的和智識上
的完整性。藉由挑戰這種說法，我拒絕參與抹除黑人與其他
族群勞工階級女性差異的行為。就個人而言，這表示我無法
只是坐在教室中，享受美好的女性主義氛圍，這是一種損失。
但是，我的收穫卻是我榮耀了我家中貧窮的、勞工階級女性
的經驗，她們鼓勵並支持我努力接受更好的教育。儘管我的
介入並非全心全意受到歡迎，但它卻創造出批判性思考、辯
論交流的環境。

　　任何學生試圖批判型塑教學過程的中產階級偏見，特別
是當它們與知識論的觀點相關時（從這些觀點而分享訊息），
通常會被視為是負面的、具破壞性的行為。我假定早期女性
主義教室具有基進的或自由的特質，所以當我發現那些場域
也不接受不同的思維方式時，我感到震驚不已。雖然在那個
脈絡中，批評父權體制是可以被接受的，但卻無法面對階級
議題，尤其是以不僅只是引起罪惡感的方式進行時。一般而
言，儘管非裔美籍學者與其他非白人教授來自不同的學科領
域與多元的階級背景，但是，他們卻沒有意願來面對階級議
題。即使現在只在口頭上承認種族、性別與階級的作法已為
人們所接受了，但是大多數的教授與學生仍然覺得他們只能
夠以簡化的方式來處理階級問題。當然，存有偏見的學術以
及將特權階級人士的經驗與思想當作標準的作品，可能是產
生有意義批判與改變的地方。

近年來，在進步的學術圈中，對階級差異的意識逐漸增長，這代表致力於批判的與女性主義教育學的學生與教授們，有機會在大學創造出重視階級議題的空間。但是，如果我們不願意面對自我以及我們的教學過程受到中產階級規範所型塑，那麼就不可能挑戰現狀。我的階級意識之所以能夠持續強化，是因爲我努力與我處於經濟弱勢地位的親密家人保持密切關係的緣故。這幫助我運用教學策略，在既存秩序中創造缺口，挑戰中產階級霸權的學習模式。

其中的一項策略就是強調在教室中創造學習社群，在其中，每個人的聲音都能夠被聽見，他們的存在被承認與珍視。在《天堂裡的陌生人》書中名爲〈平衡階級位置〉（Balancing Class Locations）的部分，Jane Ellen Wilson 分享強調個人聲音如何賦予她力量。

> 唯有從世界的脈絡來看待我的過去與背景，我才開始發現自己真正的聲音，並且瞭解，它是我自己的聲音，因此不適合任何已被劃定的空間。有待完成的工作便是與他人共同開創一個場所，在當中，我們可以發聲，不受背景噪音的影響，呈現出我們的關懷。

當我們這些在大學中身爲勞工階級或來自勞工階級背景的人，分享我們的觀點時，我們就不再只聚焦在那些享有物質優勢者的思想、態度與經驗。女性主義與批判教育學是教學的兩種另類典範，它們真正強調發聲的議題。這個焦點之所以重要，是因爲種族、性別與階級特權很明顯地使某些學生增能，賦予某些學生發聲的權威。

我們必須在下列兩者之間做出區分：膚淺地強調發聲，

錯誤地認為有發言的民主化，在其中每個人的話語都將被賦予同等的時間、都被視為具有相等的價值（這是女性主義教室中時常被運用的模式）；以及複雜地承認每個聲音的獨特性，並且願意在教室中創造空間，讓所有聲音都被聽見，因為所有學生都具有說話的自由，知道他們的存在會被承認與珍視。但這並不表示，任何與課程內容不相關的話都可以說出來，並且獲得注意，或是每個人有相等的時間發言，有意義的事情就會發生。在我教導的班級中，我要學生寫短文，然後大聲唸出，讓我們全都有機會聆聽到獨特的觀點，我們全都有機會停下來並且彼此聆聽。正是這個聆聽的經驗，聚精會神聆聽每個獨特聲音的經驗，增強我們共同學習的能力。即使在這之後，學生可能不再說話，但這位學生的存在已經獲得了承認。

聆聽彼此的聲音、個別的想法，有時候將這些聲音與個人的經驗連結起來，將使我們更敏銳地意識到彼此。集體參與及對話的時刻表示學生與教授彼此尊重，在這裡我訴諸「尊重」這個字的根源意義為「注視」（to look at）──彼此注視、相互承認，而非只是對教授說話而已。在班級中分享經驗與自白式的敘事有助於建立對學習的共同承諾，敘事提供我們檢視與挑戰「我們享有共同的階級背景與觀點」這項假設的空間。雖然學生知道他們不全都來自於相同的階級背景，但是他們仍然期待物質上優勢團體的價值觀成為班級的規範。

一旦學生意識到階級差異使教室產生變化，就可能會感受到威脅。現在的學生穿著都很像，例如穿著 Gap 與 Benetton 的衣服，這是要擦掉舊世代的學生所感受到的階級差異的經驗，年輕學生急切地否認階級與階級差異在社會中的影響。

我發現來自中上階級背景的學生，對於教室內激烈的討論感到困擾，他們當中大多數人把大聲高談或打斷別人的談話，和粗魯的、具有威脅性的行為畫上等號。但是，我們這些來自勞工階級背景的人覺得，如果討論能激發熱烈的回應，這種討論才是深刻的、豐富的。在班級中，如果某人在說話時被打斷，學生時常會感到困擾，即使在教室外發生同樣的情形，他們大多數不會覺得受到威脅。我們很少有人被教導如何激發熱烈的討論，包含有益的打斷與離題，因為教授時常要為維持教室秩序而努力。如果我們的訓練使我們失能（disempower），將我們社會化為只能有效地處理建立在中產階級價值觀的單一互動模式，那麼，我們這些教授就無法使學生增能，讓他們去擁抱多元的經驗、觀點、行為或風格。

　　相較於質問階級偏見如何型塑教室中的規範，並且改變老師的教學過程，多數進步教學的教授對於透過教材來挑戰階級偏見，會覺得較為自在。當我以大學教授以及女性主義者的身份進到我的第一個班級時，我對於將階級菁英主義與其他宰制形式予以永恆化的方式來使用權威，深感害怕。我擔心自己可能濫用權力，於是我假裝學生與我之間並沒有權力差異的存在，那是一種錯誤。只有當我開始質問自己為何害怕「權力」時──這個恐懼與我自身的階級背景有關，我時常看見具有階級權力的人強迫、濫用並且宰制沒有權力的人──我才開始瞭解到權力本身不是負面的，這取決於人們用權力做了什麼。我可以在我的專業權力內建設性地使用權力，因為我所身處的組織結構認為使用權力來強化並維持強迫性的科層體制是可被接受的。

　　教授因為害怕班級失去控制，導致他們落入一種慣用的

教學模式之中，並濫用權力。正是這種害怕導致教授集體性地以中產階級的規範作為維持既定秩序的手段，以確保教師擁有絕對的權威。不幸的是，失去控制的恐懼型塑了教授的教學歷程，以致於成為防止任何對階級議題有建設性的處理方式之障礙。

有時候學生希望教授能處理階級差異，只是希望來自不利階級背景的人能夠被放在中心位置，以翻轉科層體制結構，而不是一種破壞。有一個學期，許多來自勞工階級背景的黑人女學生修習我開設的非裔美籍女性作家的課程。她們希望我使用教授權力，以非建設性的方式來邊緣化特權階級白人學生的聲音，以讓他們經歷到身為外來者的感受。有些黑人學生固執地抗拒讓其他人參與交融教育學，事實上，交融教育學是為每個人所創造的空間。許多黑人學生害怕學習新的術語或新觀點，會使他們與自身熟悉的社會關係疏遠。由於進步主義的教學過程甚少處理這些擔憂，所以深陷在這種焦慮中的學生時常坐在班級中，懷著敵意、感到疏離、拒絕參與。我有一些學生認為在我的班級中，很「自然地」不會感到疏離，他們覺得很自在，有一種「在家」的感覺，這是因為他們不必像在其他班級那樣努力地工作。這些學生並未期望在我的班級中發現另類的教學，他們只是想要從大多數課程所經歷的緊張中逃出來「休息」一下而已。而我的任務就是處理這些緊張情緒。

如果我們相信人口統計資料，我們就必須假定大學將會有來自不同階級的學生，我們將有更多來自貧窮的、勞工階級背景的學生。但這項變化不會反映在教授的階級背景上。就我個人的經驗而言，我遇到愈來愈少來自勞動階級背景的

學者。這種情形與我們社會中的階級政治與階級鬥爭決定誰能接受研究生學位有絕對的關係。然而，建設性地正視階級議題，不只是我們這些來自勞工階級與貧窮背景者的任務而已；它是所有教授面臨的挑戰。Jake Ryan 與 Charles Sackrey 批評學界如何被建構以再製階級科層體制，他們強調「不論個別教授的政治或意識形態的立場為何，他／她的教學內容為何，馬克斯主義、無政府主義或虛無主義，他／她都參與了資本主義的文化與階級關係的再製。」即使這主張揭露了黑暗的現實，但他們仍然願意承認「不順從一般公認信念的知識份子透過研究與發表，可以成功地鏟除常見的正統說法，讓學生擁有不同的觀念與意向，或者將小部分的大學資源的用來服務勞工或底層人士的階級利益。」任何致力於交融教育學的教授都承認建設性地正視階級議題的重要性，那表示他們希望創造性地改變我們的教學實踐，使得全民教育的民主理想可以實現。

第十三章

愛、情慾與教學過程

在教室中，教授們鮮少討論愛或情慾。在西方形上學二元論的哲學傳統訓練下，許多人已經接受身心二元論的概念。因此當老師進入教室進行教學時，似乎只有心靈存在，身體不存在。重視肉體有如背叛了傳統的壓抑，而這是我們的長輩（通常是白人男性）傳給我們的戒律。非白人長輩也同樣急於否定肉體，黑人佔多數的學院經常是壓抑的堡壘。在制度化學習的世界裡，身體是被抹去、被忽視的。當我初次擔任教職，在課堂中想上廁所時，我沒有任何關於前輩們如何在這種情況下行動的線索。沒有人討論身體與教學的關係。在教室中，我們該如何運用我們的身體？我試圖回憶教授們的身體，但發現自己無法想起。我只聽到聲音，記起零碎的細節，但很少關於整個身體。

進入那些想要消除肉體、使我們更加重視心靈的教室，我們深刻地接受以下的假設：教室中是沒有熱情的。壓抑與否認讓我們忘記並且拼命地在課堂之後，在私領域之中，尋求找回自己、我們的感覺、我們的熱情。我記得當我還是大學生時，讀過一篇刊登在《今日心理學》（*Psychology Today*）的文章，內容報導研究發現當男性教授講課時，他們常想著

性慾，甚至對學生存有非份的想法。對這項研究結果，我當時非常驚訝，我記得這篇文章在宿舍引起持續的討論，讀完之後，我看待男性教授的角度不同了，我會試圖連結想像中他們講課時的遐想，以及我已經學會假裝未曾看見的——他們的身體。我在大學教書的第一年，班上有一位男學生，我常對他視而不見。在學期中的時候，我接到學校心理諮商師的電話，想與我討論我在課堂上對待這位學生的方式。這位諮商師說這位學生說我對他非常粗魯無禮。我當時不確定是哪一位學生，無法將人與名字連起來，但當他在課堂表明身分之後，我發現自己對這個學生傾心。而我過去被教導不可以有這樣的情感，因此我幼稚的抗拒方式就是轉移（因此導致我對他的嚴厲對待）、壓抑與否認。這種壓抑與否認可能導致學生的傷害。於是，我下定決心要面對教室情境中的所有熱情，並且處理它們。

Jane Gallop 在《透過身體思考》（*Thinking Through the Body*）的緒論中，提到 Adrienne Rich 的作品，將之與批判身體的男性作品相連結。她是如此評論的：

> 在某些方面透過身體思考的男性，比較容易被認為是嚴肅的思想家，而且聲音容易被聽見。女性必須先證明我們是思想家，當我們遵循嚴肅的思想與具體的主體是分離的規範時，這樣的論證變得比較容易。Rich 要求女性進入批判思考與知識的領域，不要變成脫離身體的心靈、普遍的男性。

超越批判思考的領域，同等重要的是，我們學習「完整的」進入教室，而非「脫離身體的心靈」。在早期史丹福大學

的婦女研究課程中，我從大膽而充滿勇氣的女教授例子中（特別是 Diane Middlebrook）學到，在教室中，熱情是可以存在的，不需要在學習過程中否定愛與情慾。女性批判教育學的核心信念就是堅信心靈與身體是不可分離的，這是使婦女研究在大學中佔有一席之地的基礎信念。這幾年，當女性研究對抗那些大學中的傳統學科時，我們這些投入女性主義思想的學生或老師一直肯認推翻身／心分離教學論的正當性，讓我們在教室中成為一個整體，進而能全神貫注。

　　Susan 是我的同事也是我的朋友，她大學時曾修過我的婦女研究課程。最近，她向我表示她對自己的研究生課程感到非常困擾，因為她期待充滿熱情的教學沒有出現。這使我重新思考熱情與情慾在教室情境中的位置，因為我相信她在婦女研究課程中感受到的能量，這是因為女性教授們在上課時勇於獻出完整的自我，超越了僅僅是資訊傳遞的講述。強調批判意識的女性主義教育植基於教室內的知識與批判思維必須能回應我們在教室外的生存習性與生活方式的假設上。雖然早期幾乎都是女學生修習我們的課程，但對我們而言比較容易達到身心合一。同時，我們被期望能夠帶給學生關懷，甚至是「愛」。愛存在我們的教室之中，成為一種激勵的力量。正如批判教育學教導學生關於性別的不同思考方式，使學生瞭解知識也會導引他們過不同的生活。

　　為了瞭解愛與情慾在教室中的位置，我們必須超越性慾的思考，雖然那個面向不可忽略。Sam Keen 在他的書《熱情的人生》（*The Passionate Life*），鼓勵讀者記住一個概念：「愛的潛力並不是受限於性慾趨力，而是包含激勵每個生活形式從潛在可能到實現的動力」。批判教育學尋求轉化意識，提供

學生認知的方式，使他們更瞭解自己，並且更圓滿地生活。在某程度上，這必須仰賴教室中的情慾來輔助學習過程。Keen 繼續說：

> 當我們將「情慾」限制在性慾的意義上，我們背離了我們本身與自然界其他生物的差異。我們承認我們並不是受到神祕力量驅使，例如鳥類遷移或蒲公英的生長。更進一步，我們意味著自己努力奮鬥追求成就或可能性，是受到性影響，兩個人之間浪漫——生殖的關連。

瞭解愛是一種促使我們盡全力去自我實現的動力，它能夠提供認識論的基礎，解釋我們如何知道我們所知道的，並且使教室中的教授與學生都能運用這樣的動力，鼓舞討論與激發重要的想像力。

　　Keen 認為文化欠缺「健康與福利的觀點」，Keen 問道：「什麼樣的熱情可能使我們完整？」企求獲得一種能夠使我們連結理論與實踐的知識，就是一種熱情。如果教授帶著這種基於理念的愛的熱情去教學，教室將變成一個充滿活力的地方，在此社會關係的轉換將會具體實現，而大學的外在世界與內在世界的錯誤二分將消失。在我的師資培育歷程中，從來不曾真正使我準備好去見證學生如何自我轉化，這是令人害怕的。

　　在我任教於耶魯大學非裔美國人研究學系時（黑人女性作家的課程），我見證了追求批判意識的教育，能夠根本地改變我們對於現實與自己行為的感受。在某一門課中，我們一起在小說中探究內化種族主義的力量，看看它在文學中如何被描述，同時批判地反思自己的經驗。有一位黑人女學生總

是燙直頭髮，因為她認為自己不燙直頭髮就不好看，而且會
因此感到沮喪，這位學生因這門課而改變了。她在課間休息
之後走進教室，告訴每個人這堂課深深地影響了她。當她跟
過去一樣去燙髮時，內心的某股力量阻止了她。我仍然記得
當她見證這堂課改變她時，我內心感到害怕。雖然我深深相
信教育哲學中批判意識能夠增能的理論，但我還沒自在地將
理論與實踐連結起來，我內在的一小部分仍然希望我們的心
靈和身體是分開的。而這位學生的身體、存在以及外觀的改
變，對我而言是必須面對的直接挑戰，她在教導我。多年後
的今天，我再次閱讀她課堂所寫的札記，我發現她學習與實
踐的意志熱情而且美麗：

> 我是一位黑人女生，我成長在俄亥俄州的榭坷高地。我不
> 能回到過去，並且改變我不可能像我的白人朋友們那樣漂
> 亮聰明這個多年來的想法。但我現在朝前邁進，學習對自
> 己感到驕傲。我不能回到過去，並且改變世間最美好的事
> 物是當 Martin Luther King 的太太這個多年來的想法。但我
> 可以繼續前進，尋找我革新的力量，並且幫助他人。所以，
> 我不相信我們可以改變既成的事實，但我們可以改變未
> 來。所以我改變並且學習更多關於自己的事，使自己能夠
> 完整。

我重新閱讀跨越十年的學生札記，重新整理我對於情慾與教
學的想法。一次又一次，我讀到一些很容易被視為「浪漫」
的紀錄，如學生表達他們對我以及班級的愛。一位亞洲學生
提出她對於課堂的看法：

白人永遠無法理解沉默、關係與反省的美。妳教導我們說話，並且傾聽風的信息。妳像一位嚮導，輕聲漫步地引領我們穿越森林，在森林中，一切都有聲音……妳也教我們交談，森林中的所有生物都在說話，而非只有白人。能夠交談、不要一直沉默或者展現自己、能夠批判並且誠實，這些能力不都是感覺完整的一部分嗎？這是妳教導我們的：每個人都有資格說話。

有一位黑人男學生寫著「他永遠愛我」，因為我們的課像是跳舞，而他喜愛跳舞：

我喜歡跳舞。當我還是個小孩，我隨時隨地都在跳舞。當你可以一路跳舞時，為何要走路？當我跳舞時，我的靈魂感受自由。在星期六和媽媽前往賣場購物，我會在賣場的通道上，用手敲打購物車，手舞足蹈。媽媽會轉過頭來對我說：「兒子，別再跳了！白人認為這就是唯一我們能做的事。」我會暫停，但等她沒有注意時，我會又來一個快速的高踢或是彎腰。我才不在乎白人怎麼想，我就是喜歡跳舞。我仍然跳著舞，我仍然不在乎人們怎麼想白人或黑人。當我跳舞，我的靈魂是自由的。讀到某些人停止跳舞令我難過，這些人不再天真，這些人不在讓自己的靈魂自由飛翔。我想對我來說，保持完整性就是永遠不要停止跳舞。

O'Neal LaRon Clark 於 1987 年寫下這些文字。我們的師生關係充滿熱情，他身高超過六呎。我還記得某天他上課遲到，直接走到前面抱起我旋轉，全班大笑，我笑著罵他「傻瓜」。這是他表示抱歉的方式，因為他錯過了教室內每一刻的熱

情，他也帶來他自己的時光。我也喜歡跳舞，我們以自己的
方式跳著前進，像是伙伴與朋友，跳著我們一起在教室中學
到的舞步。認識他的人記得他早到教室時模仿教師的逗趣表
演。他去年突然離開人世，仍然跳著舞，仍然愛著我，現在
和永遠。

　　當教室情境中存有愛，那麼愛也會綻放。公領域與私領
域之間的明確劃分，使我們不相信教室中有愛的存在。雖然
很多觀眾對類似「春風化雨」的電影喝采，發現教授與學生
之間可能存在熱情，但這種熱情卻很少在制度結構中出現。
教授被期待要發表，但沒有人真正期待或要求我們用獨特的
熱情與多元的方式關心教學。愛學生並且被學生所愛的教
師，在大學中仍然是受到「懷疑」的，因為情感與熱情的存
在會影響我們對學生的客觀評價。這個觀念植基於教育是中
立的錯誤假設之上，我們站在一個「平等的」情感基礎上，
藉此我們可以公平地對待每一個人。事實上，師生之間的特
殊關係一直存在，但傳統上我們對此予以排除而非接納。允
許一個人抱持關懷的情感，去照顧教室中的特殊個體，擴及
並擁抱每一個人，這違背了熱情是私密的原則。在不同課堂
的學生札記中，我發現總有一些關於我與某些學生特殊關係
的抱怨。確認我的學生不瞭解教室中關懷與愛的表達，我發
現教導這個主題是必要的。我曾經問學生：「為什麼你們覺得
我對某些學生的關懷無法擴及到每一個人？為什麼你們認為
周遭的愛與關懷還不夠？」要回答這個問題，他們必須深切
思考我們的社會，以及我們如何被教導與他人競爭的方式。
他們必須思考資本主義如何型塑我們對愛與關懷的想法、我
們生活的方式，還有區隔心靈與身體的方式。

　　在今日的高等教育之中，並沒有太多充滿熱情的教學或學習產生。即使學生非常渴望接觸知識，教授仍然畏懼挑戰，失去控制的擔憂超過對教學的渴望。同時，當我們用同樣的方式教同樣的舊科目時，常常在心裡上感到無聊，無法點燃我們曾經感受到的熱情。Thomas Merton[27]在他的論文〈學習生存〉（Learning to Live）中建議，如果教育的目的是向學生展示，如何定義自己與世界「真實與自然的」關係，那麼教授能自我實現，就能夠教得很好。Merton 提醒我們「最初與真實的『伊甸園』理想」暗示，無論在修道院與大學，不是只有宗師與教授掌握通往神聖理論之庫的鑰匙，知識之鑰存在於學生的內在自我。這個內在自我能夠發現他們與自己、與更高的力量、與群體之間的關係。「教育的果實存在於活化的中心。」恢復教室中的熱情，或者激勵教室中不曾出現過的熱情，教授們必須重新找到愛在自身所處的位置，並且允許心靈與身體一同感受與瞭解慾望。

---

[27] 譯注：Thomas Merton 出生於法國，是二十世紀知名的文學家，他的自傳《七重山》（The Seven Storey Mountain）自 1948 年出版迄今已被翻譯成二十餘種文字，銷售數百萬冊。1941 年，Merton 決定放棄在大學的教書生涯，遁隱至隱修院之中，成為有名的路易神父。這期間他不斷為種族的公義、和平而努力，有人呼籲他離開隱修生活，投身改造世界的運動，但是他始終深信，他在隱修的世界裡面，是他服務這個世界最好的方式。

第十四章

極樂──無限可能的教與學

在緬因州的一個美妙夏日，我從小丘上跌了下來，並且摔斷我的手腕。當我跌坐在地上，感受著我這一生從未感受過的極度痛楚，此時心中突然閃過某個畫面，當我還是個小女孩時，從另一座小丘上跌下來的景象。在這兩個情況中，我之所以會跌倒皆與自己想要跨越極限有關。當我是個小孩時，我想要跨越恐懼的界線；當我成為女人時，我想要跨越累到骨子裡的疲憊。我來到斯科希甘（Skowhegan）[28]的暑假藝術課程進行一場演講，一群非白人的學生告訴我，他們鮮少獲得有色人種的學者以及藝術家對他們的作品提出建議。因此，儘管我真的感到疲倦且不舒服，我還是想要肯定他們的努力以及需求，因此，我起了個大早越過小山丘好拜訪工作室。

斯科希甘曾經是一座農場，老舊的穀倉如今改建為工作室。在與幾位年輕的黑人藝術家進行熱烈的討論後，我離開工作室，走向放牛場。坐在山丘下，忍著痛楚，凝視著那位我曾經想要拜訪她工作室的女性黑人藝術家的臉龐，我看到了失落感。當她趨前來幫我並表達她的關心時，我聽見的卻

---

[28] 譯注：Skowhegan 位於美國緬因州中部。

完全是另一種感受。她真的需要和某位可以信任、在智慧和視野上令人佩服的人，以不帶種族、性別或階級偏見的方式，討論她的作品。那個人不必是我，可以是任何一位老師。當我想起自己的學生生涯，那些培育並指引我，讓我有機會體驗學習樂趣，讓教室成為批判思考的空間，讓訊息和想法的交流猶如迷幻藥般誘人的老師們，他們的臉龐、身影以及人格特性，都如此鮮明地留存在我的回憶裡。

最近，我參加哥倫比亞廣播公司（CBS）關於美國女性主義的節目。我和其他在場的黑人女性，被問及我們覺得有哪些因素有助於女性主義思考和女性主義運動。我回答說，對我而言，「批判思考」是促成改變的重要因素。我認為不論個體的階級、種族、性別或社會地位為何，若沒有批判地省視我們自身以及我們的生命，那麼，我們將無法向前、無法改變、無法成長。我們這個本質上反智識的社會，批判思考並不鼓勵。交融教育學對於我作為知識份子、教師／教授的發展，是不可或缺的，因為它認為批判思考是學習的關鍵，唯有師生欣賞他們的批判思考能力，以及參與在教學實踐中，才能促成基進開放。

我全然投入在交融教育學中，卻也使得心靈承受重擔。在二十年的教書生涯後，我開始想要暫時逃離教室。就某方面而言，於不同機構中教學，可以讓我不會夢想著美妙的休假，這是學術生涯的一種實質回饋。這個原因，加上對於教學的投入，意味著即便我接受兼職的工作，我並非完全脫離教學，我仍在他處講演。我這麼做是因為我感受到學生的熱切渴望，他們擔憂沒有人真正在意他們是否在智識上學習或成長。

第十四章
極樂——無限可能的教與學

　　我對於交融教育學的投入，是一種政治上的行動主義。現今的教育體制是一種囤積式教育，當我們教師以符應這個本質的方式進行教學時，會獲得較多的獎賞，而選擇對抗這個本質、挑戰現狀，時常會產生負面的結果。而這也是爲何這選擇並非政治中立的原因之一。在大學與學院中，教學時常是諸多專業工作中，最不受到重視的。而讓我感到難過的是，同事間時常質疑那些學生渴望向他們學習的教師。同時，也有人批評我們所做的事不夠學術性，而降低教授們對於交融教育學的投入。理想上，教育應重視與鼓勵多元的教學方法及風格，並視之爲學習的要素。當教室不再是囤積式教育時，學生會感受到關注。我提醒他們，終其一生，他們都可能在修習反映傳統規範的課程。

　　當然，我希望有更多的教授願意投入交融教育學。雖然學生選修我們這些全心投入於教育並視教育即自由實踐的老師的課程，對於交融教育學來說，的確是個鼓勵；但不爭的事實卻是我們教學負擔過重且課堂學生過多。幾年來，我有時會嫉妒那些以較傳統方式教學的教授，因爲他們的班級人數通常較少。在我的教學生涯中，我的課堂總是人數太多，而無法如預期般地有效率。漸漸地，我開始發現來自系上的壓力，要求那些「熱門」教授接受大班教學，也是破壞交融教育學的方式之一。如果教室中的人數多到無法記得每個學生的姓名，無法和每位學生分享美妙的時間，那麼建立學習社群的努力也將白費。在我的教學生涯中，我發現若能簡短認識課堂中的每位學生，那將有所幫助。我喜歡安排時間和同學共進午餐，而非在研究室裡枯等學生來面談。有些時候，整班的同學會帶著午餐，在教室之外的地方進行討論。例如，

在歐柏林，我們可以到非洲傳統民俗屋（African Heritage House）上課並且享用午餐，如此一來，既可認識校園中的不同場地，還可以在教室以外的地方聚會。

許多教授仍不願投入任何強調師生間共同參與的教學實踐，因為這樣的工作必須花費更多的時間和精力。然而，有些交融教育學的願景，的確是唯一能真正激起興奮的教學方式，讓學生和教授能夠感受到學習的樂趣。

因為自山坡跌下而送進急診室的路途中，我想起了這些。我和兩位將我緊急送進醫院的學生熱烈地談論這些理念，於是也就忘了疼痛。我想要在課堂上稱頌，並且和學生一起分享對於理念、批判思考以及對話交流的熱情。

對於多數人而言，從批判的角度省思與談論教學，並不是流行又酷的學術工作。文化批判和女性主義理論都是我鑽研的領域，也常被學生們和其他同事認為是個有趣的領域。我們大多數的人，並不會想要將教學討論作為學術研究或智識成長的核心，或者將教學實踐作為支持和提升學術聲望的工作。然而，在思考、寫作和理念分享間產生的相互關係，卻是提供我作為知識份子和教師工作的前瞻洞見。對於這種交互關係的熱愛，讓我不論任何的困難阻礙，都能持續教學。

當我第一次閱讀《天堂中的陌生人：勞工階級的學術人》時，書中人物敘事所表達出的強烈悲痛深深震驚了我，這樣的悲痛，我並不熟悉。我瞭解當 Jane Ellen Wilson 說道：「對我而言，受過高等教育的整個過程就是失去信念的過程」時，她想表達的意義。我能感受那樣的悲痛，主要與學術界同事有密切的關係。我之所以有這種感覺是因為許多人背叛學術伙伴以及基進的開放性之承諾，而這兩者是學習的靈魂與核

心。當我將焦點從情感轉移至大學裡最具影響力的課堂時，我的痛楚變得不再那麼強烈。我變得更熱衷於教學藝術的投入。

交融教育學不僅讓我持續在教室中保持創意，也鼓勵學生在教室外的投入參與。我陪著學生一起經驗課堂之外的進步，即便他們已變得有能力來教我，我仍在許多方面持續不斷地教導他們。我們共同習得的重要一課，讓我們共同在課堂內外一起成長的那一課，即是相互參與學習。

學生對我教學的回應，我不可能一無所知，他們總是持續給我回饋。當我教學時，我鼓勵他們在過程中批評、評鑑、提供建議和介入。課程結束後的評鑑，鮮少能幫助我們改進共享的學習經驗。當學生認為自己對於發展學習社群也具有共同責任時，他們會建設性地參與投入。

學生並非都是樂於和我一起學習的。他們時常發現，在我課程中所帶來的挑戰讓他們深感不自在。這種情形在我教書生涯的前幾年感到特別困擾，因為我想要受學生喜愛以及尊敬。我花了相當多的時間與經驗來瞭解，交融教育學的回饋並不一定會在一門課中出現。幸運的是，我曾教導過許多願意花時間再和我聯絡的學生，和我分享我們共同的努力對他們生命帶來怎樣的衝擊。於是，我身為教師的工作不斷受到肯定，這不僅是來自我得到的稱讚，也來自學生所選擇的職業及他們的作為。當一個學生告訴我，她掙扎著是否要依據公司法併購某家公司，卻在最後一刻開始重新思考這樣做對不對。她說這樣的決定，實際上是因為修過我的課程的影響。這樣的分享喚起我身為教師所擁有的力量以及重大的責任：投入交融教育學，承擔伴隨而來的責任，而非假裝教授

無法扭轉學生生命的方向。

在這本論文集的一開始，我提及自己並不想成為教師。但在二十多年的教學之後，我承認我時常樂於教學，從中獲得快樂，這種極樂勝過於生命中的其他經驗。在佛家思想期刊《三輪》（*Tricycle*）的最近一期中，Pema Chordon 談及教師如何成為角色模範，描述那些最觸動她心靈的教師們：

> 我的楷模是那些能夠走出固有心智，並能夠真正讓我的心靈從傳統規則與習以為常的方式中跳脫，而徹底地敞開心胸，讓心靈自由，儘管只有短暫的一刻……如果你正為了放空做準備，為了人類的存在做準備，那麼你正遊走在剃刀邊緣，同時，你必須習慣世事變化無常的事實。世事並非總是確定且持久的，而你也不知未來將發生什麼事。我的老師們總是將我逼在懸崖上……。

讀著這一頁，我感到心有戚戚焉，因為我一直在尋找在我生命中各個領域的老師們，願意挑戰我自己可能作的選擇，並且在這些挑戰本身以及過程中，給予我能真正自由選擇的基進開放空間，讓我不受任何拘束地學習和成長。

大學並非天堂，但是學習卻是能夠創造天堂的地方。儘管教室存在諸多限制，卻是充滿可能性的場域。在此充滿可能性的場域中，我們為了自由而努力，要求自己和同事能以開放的心胸面對現實，也能一起想像跨越邊界的方法。這樣的教育就是自由的實踐。

索　引